Religionsfreiheit und Frieden

Schriften zum

STAATSKIRCHENRECHT

Herausgegeben von
Axel Frhr. von Campenhausen,
Christoph Link und Jörg Winter

Band 33

PETER LANG

Frankfurt am Main · Berlin · Bern · Bruxelles · New York · Oxford · Wien

Joachim Gaertner/Erika Godel (Hrsg.)

Religionsfreiheit und Frieden

Vom Augsburger Religionsfrieden
zum europäischen Verfassungsvertrag

PETER LANG
Europäischer Verlag der Wissenschaften

Bibliografische Information der Deutschen Nationalbibliothek
Die Deutsche Nationalbibliothek verzeichnet diese Publikation
in der Deutschen Nationalbibliografie; detaillierte bibliografische
Daten sind im Internet über <http://www.d-nb.de> abrufbar.

Gedruckt auf alterungsbeständigem,
säurefreiem Papier.

ISSN 1437-3149
ISBN 3-631-55239-4
© Peter Lang GmbH
Europäischer Verlag der Wissenschaften
Frankfurt am Main 2007
Alle Rechte vorbehalten.

Das Werk einschließlich aller seiner Teile ist urheberrechtlich
geschützt. Jede Verwertung außerhalb der engen Grenzen des
Urheberrechtsgesetzes ist ohne Zustimmung des Verlages
unzulässig und strafbar. Das gilt insbesondere für
Vervielfältigungen, Übersetzungen, Mikroverfilmungen und die
Einspeicherung und Verarbeitung in elektronischen Systemen.

Printed in Germany 1 2 3 4 5   7

www.peterlang.de

Inhaltsverzeichnis

Vorwort 7

Martin Heckel

Der Augsburger Religionsfriede
Sein Sinnwandel vom provisorischen Notstands-Instrument zum sakrosankten Reichsfundamentalgesetz religiöser Freiheit und Gleichheit 13

Harm Klueting

Der Augsburger Religionsfrieden und die katholische Reichskirche 35

Gerda Riedl

Vom theologischen Glaubensstreit zum historischen Rechtsfrieden ... und darüber hinaus?
Porträt des Augsburger Religionsfriedens (1555) als einer (un-) genutzten Chance gelebter Ökumenefähigkeit 49

Gerhard Robbers

Vom Augsburger Religionsfrieden zum Europäischen Verfassungsvertrag 81

Wolfgang Huber

Religionsfreiheit und Toleranz
Wie aktuell ist der Augsburger Religionsfriede? 87

Autorenverzeichnis 97

Vorwort

Die Begriffe „Religion" und „Frieden" gehören nicht für jede und jeden zusammen, denn Religion wird – nicht nur in der Geschichte, sondern auch in der heutigen Zeit – in sehr unterschiedlichen Erscheinungsformen sichtbar. Die Bandbreite reicht von Äußerungen der christlichen Kirchen, die das Zeugnis und den Dienst für den Frieden unterstreichen und als das Spezifische des christlichen Gottes die uneigennützige Liebe hervorheben, bis zu einem religiösen Fundamentalismus, der das Gewissen des Einzelnen unterjocht, tiefe Beunruhigung auslöst und Ängste weckt vor einem möglichen Kulturkampf, einem Zusammenprall der Kulturen.

Derartige Tendenzen des religiösen und politischen Fundamentalismus verbindet man heute in erster Linie mit dem Islam. Allerdings darf nicht vergessen werden, dass auch im christlichen Abendland ein langer Weg zurückzulegen war, bis sich die Erkenntnis durchsetzte, dass die Gewährleistung der Religionsfreiheit und die Trennung von Staat und Religion von grundlegender Bedeutung für die Sicherung des inneren Friedens eines Gemeinwesens sind. Bis weit in die Neuzeit hinein war die innige Verbindung von Staat und Religion tief in den Überzeugungen der Menschen, vor allem der regierenden Herrscher, verankert. Da die gesamte Gesellschaftsordnung auf dem Glauben beruhte und die Verschiedenheit der Religionen und Konfessionen als gefährlich für den sozialen Zusammenhalt galt, wäre es aus staatlicher wie aus kirchlicher Sicht verfehlt gewesen, wenn der Staat sich allein auf die Weltlichkeit beschränkt hätte. Die Religionseinheit im Staat war ebenso natürlich wie die Verbindlichkeit seiner fundamentalen Gesetze und – bis zur französischen Revolution – das monarchische Prinzip: ein Glaube, ein Gesetz, ein König. Die religiöse Einheit betrachtete man als Grundvoraussetzung für die Stabilität eines Staatswesens.

Im Heiligen Römischen Reich deutscher Nation hatte der Augsburger Religionsfriede auf der Ebene des Reiches bereits im Jahre 1555 eine andere Weichenstellung vorgenommen, indem er den konfessionellen Streit zwischen der römisch-katholischen und der evangelischen Konfession rechtlich neutralisierte und eine weltlich-politische Friedens- und Koexistenzordnung schuf, die das Verhältnis von Staat und Kirche in der Folgezeit grundlegend veränderte. Gleichzeitig wurde in den Territorialstaaten mit der Gewährung des Rechts auf Auswanderung (*ius emigrandi*) an die andersgläubigen Untertanen ein erster, wenn auch bescheidener Schritt auf dem Weg zum heutigen Grundrecht der Religionsfreiheit getan.

Forderungen nach Freiheit, insbesondere Religionsfreiheit, stehen auch heute an der Spitze der Postulate, wenn es um die Durchsetzung von Menschenrechten in vielen Teilen der Welt geht. Diese Forderungen sind somit auch für die unmittelbare Gegenwart bedeutsam. Daher ist es wichtig, dass ein historisches Ereignis wie der Augsburger Religionsfriede vom 25. September 1555 in der Erinnerung verankert bleibt oder – wo diese zu verblassen droht – neu ins Gedächtnis zurückgerufen wird.

Das hat die Evangelische Akademie zu Berlin, das Evangelische Institut für Kirchenrecht an der Universität Potsdam und das Kanonistische Institut an der Universität Potsdam veranlasst, zum Gedenken an dieses historische Ereignis ein wissenschaftliches Symposion zu veranstalten, das am 22. September 2005 im Foyer der Französischen Friedrichstadtkirche auf dem Gendarmenmarkt in Berlin stattfand. Juristen, Theologen und Historiker waren eingeladen, insbesondere der Frage nachzugehen, in welcher Weise der Augsburger Religionsfriede bis in unsere Gegenwart nachwirkt und daher Aktualität beanspruchen kann.

Als eines der ersten Stichworte in diesem Zusammenhang ist der deutsche Föderalismus zu nennen. Zwar dient das dem Bundesstaat unseres Grundgesetzes zugrunde liegende föderalistische Prinzip heute nicht mehr dazu, das Zusammenleben verschiedener Konfessionen in einem Gesamtstaat möglich zu machen. Es soll vor allem eine vertikale Gewaltenteilung und die kulturelle Vielfalt sichern. Wie Martin Heckel in seinem Eröffnungsvortrag hervorhob, lässt sich jedoch nicht leugnen, dass der deutsche Föderalismus seine Entstehung und typische Ausgestaltung wesentlich dem Augsburger Religionsfrieden von 1555 verdankt. Indem festgelegt wurde, dass fortan nicht mehr das Reich, sondern die Territorialherren die Befugnis haben sollten, darüber entscheiden zu können, welche Religion bzw. Konfession ihre Untertanen annehmen, wurden die verfassungsrechtlichen Weichen in Richtung Föderalismus gestellt. Gleichzeitig wurde der Konfessionskonflikt auf der Ebene des Reichs neutralisiert. Mit dem Verzicht auf die Religionseinheit im Reiche, der Delegation der Religionshoheit auf die Territorien und der Gewährleistung des Abzugsrechts der Untertanen bei Bekenntniswechsel der Obrigkeit wurde im Heiligen Römischen Reich deutscher Nation eine rechtlich garantierte politische Koexistenzordnung geschaffen. Das Reich konnte fortan nicht mehr als religiöse, sondern nur noch als politisch-weltliche Einheit verstanden werden. Diese Tatsache trug wesentlich dazu bei, dass das Heilige Römische Reich deutscher Nation an der Reformation nicht zerbrach.

Die im vorliegenden Band veröffentlichten Beiträge des Symposions zeigen das breite Spektrum der behandelten Themen. Vom Augsburger Religionsfrieden des Jahres 1555 werden Linien gezogen bis zur bundesstaatlichen Ordnung unseres Grundgesetzes und zum Vertrag über eine Verfassung für Europa aus dem Jahre 2004. Das Verhältnis der Konfessionen und Religionen im Umgang miteinander werden ebenso behandelt wie die wichtige Funktion von Religion als Bindekraft in einem politischen Gemeinwesen: wenn in der Gesellschaft stärker nach stabilen Bindungen gefragt wird, erfreuen sich Familie, Heimat und Glaube höherer Wertschätzung.

Auch für die Ausbildung des kirchlichen Selbstbestimmungsrechts war der Augsburger Religionsfriede bedeutsam. Hinter der Regelung, dass das Reich fortan in religiösen Fragen neutral sein sollte, stand – wie Martin Heckel in seinem Beitrag unterstreicht – nicht die Absicht, das Religiöse als solches zu neutralisieren und zu verweltlichen. Die Vereinbarung zwischen König Ferdinand I. (als Vertreter Kaiser Karls V.) und den Reichsständen sowie zwischen der katholischen und der evangelischen Religionspartei war vielmehr darauf gerichtet, den Schutz der ungestörten und unverfälschten Religionsausübung beider Konfessionen in den jeweiligen konfessionell geschlossenen Territorialstaaten sicherzustellen. Am Augsburger Religionsfrieden lässt sich gut veranschaulichen, dass staatliche Selbstbeschränkung einerseits und Freiheitsausweitung der Religionen andererseits Hand in Hand gehen können. Der Rückzug des Reichs auf paritätische weltliche Rahmenformen hat die unverfremdete Erhaltung und Entfaltung der Bekenntnisse in den konfessionell geschlossenen Territorialstaaten möglich gemacht. Indem das religiöse Selbstverständnis der jeweils geschützten Religionspartei auf territorialer Ebene allgemein gültige Wertvorstellung wurde, legte man eine wichtige Grundlage für die Entfaltung und Entwicklung des kirchlichen Selbstbestimmungsrechts, das heute nicht mehr nur – wie im Augsburger Religionsfrieden – zwei christlichen Konfessionen, sondern allen Religionsgemeinschaften in gleicher Weise verfassungsrechtlich garantiert ist.

Da unausgewogene, vor allem aber ungerechte Friedensverträge den Keim künftiger Konflikte in sich bergen, war es wichtig, dass der Augsburger Religionsfriede – ungeachtet seiner Unvollständigkeit – inhaltlich ein diplomatischer Kompromiss war. Beim Augsburger Religionsfrieden waren – wie der Historiker und Theologe Harm Klueting in seinem Beitrag „Der Augsburger Religionsfriede und die katholische Reichskirche" anschaulich vor Augen führt - alle Beteiligten Gewinner, weil dieser Friede die Koexistenz der beiden großen Konfessionen im Reich ermöglichte. Allerdings bedeutete er für die katholische Seite die reichsrechtliche Sanktionierung des Verlustes ihres Absolutheitsanspruchs. In Kluetings Beitrag wird deutlich, in welchem Ausmaß in Augsburg eine politisch-säkulare Friedensordnung geschaffen wurde, die beiden Konfessionen zum Vorteil gereichte und eine Entwicklung zu einer „neutral-paritätischen Verfassungsordnung auf Reichsebene" (von Campenhausen) einleitete. Mit Zustimmung auch der katholischen Fürsten des Reichs (einschließlich der geistlichen) emanzipierte sich das Reich als politisch-säkulares Gemeinwesen von den Regelungen des Kanonischen Rechts und bestimmte beispielsweise, dass ein zur Augsburgischen Konfession übergetretener Bischof zwar seine Ämter verlieren, seine persönliche Ehre aber behalten und auch kirchlichen Strafen nicht unterliegen sollte. Auf der Ebene des Reichs wurden auf diesem Weg religionsrechtliche Fragen durch den Reichstag als politische Instanz geregelt, für die nach Kanonischem Recht allein der Papst, nicht jedoch Reich und Reichstag die notwendige Kompetenz hatten.

Unter einem anderen Blickwinkel nähert sich die Theologin Gerda Riedl dem Augsburger Religionsfrieden. Sie geht der „ökumenetheologischen Dimension" des Augsburger Religionsfriedens nach und kommt zu dem Ergebnis, dass der Augsburger Religionsfriede „aller Wahrscheinlichkeit nach ungewollt einer … Ökumenefähigkeit" zuarbeitete. Dies macht sie an Regelungen fest, die den Konfessionsstand für jene reichsfreien Städte garantierten, „die im Normaljahr 1555 bereits Angehörige beider Konfessionen beherbergten". Sie beschreibt die dortige damalige Situation als eine – aufgrund durchgehend paritätisch besetzter Regimentsordnungs-Organe – gelungene „kompetitive Konfessionalität". Da eine Konsenssuche um jeden Preis lediglich neuen Dissens zutage fördere, rät

Frau Riedl aufgrund der damaligen Erfahrungen den christlichen Kirchen heute, sich für eine „kooperative (Differenz-) Ökumene" als Leitbild einer zukunftsfähigen Theologie der Ökumene zu entscheiden, „unter Maßgabe der drei Verhaltensmaßregeln: Gestaltungskraft, Geduld, Gottvertrauen".

Heute hat es der Staat sowohl auf nationaler wie auf europäischer Ebene nicht nur mit konfessionell getrennten Kirchen, sondern mit einer Mehrzahl von Religionen zu tun. Die Frage des Friedens zwischen zwei oder drei Konfessionen, die beim Augsburger Reichsabschied vom 25. September 1555 und im Frieden zu Münster und Osnabrück vom 14./24. Oktober 1648 zu lösen war, hat sich zur Frage des Friedens der Religionen erweitert. Der Jurist Gerhard Robbers, der in seinem Beitrag einen Bogen vom Augsburger Religionsfrieden des Jahres 1555 zum Vertrag über eine Verfassung für Europa aus dem Jahre 2004 schlägt, betont gleich eingangs, dass europäische Identität im Frieden der Religionen bestehe. Robbers unterstreicht, dass im Augsburger Religionsfrieden der erste Schritt auf dem Weg zur religiösen Neutralität des Staates getan wurde. Gleichzeitig legte der Augsburger Religionsfriede „den Grundstein für wohlwollende, positive Neutralität in Religionsangelegenheiten in Europa". Bei seiner Würdigung der religionsrechtlichen und religionsbezogenen Bestimmungen des europäischen Verfassungsvertrags hebt Robbers die Präambel, die religionsrelevanten Grundrechte und vor allem den Artikel I-52 zum Status der Kirchen und weltanschaulichen Gemeinschaften hervor. Auch wenn der Begriff „Gott" nicht ausdrücklich in den Verfassungstext aufgenommen sei, erkenne die Verfassung doch die überragende Bedeutung der Gottesidee an. Es stehe zwar „nicht Gott drauf", aber es stehe „Gott drin".

Die nachdrückliche Forderung nach einem deutlichen Bezug auf die christlich-abendländische Wertetradition und die daraus folgende Verantwortung vor Gott in der Präambel des europäischen Verfassungsvertrags hat gezeigt, dass in Politik und Gesellschaft wieder stärker nach Bindekräften gefragt wird, die das politische Gemeinwesen zusammenhalten und einer individualistischen Verabsolutierung der Freiheit wehren können. Die Freiheit der größeren Wahl hat das Bedürfnis nach Bindungen verstärkt. Der Vorsitzende des Rates der Evangelischen Kirche in Deutschland Bischof Wolfgang Huber unterstreicht in seinem abschließenden Beitrag, dass daher auch die Frage an Bedeutung gewinne, welche Rolle Religion im Zusammenleben in einer Gesellschaft spiele. Huber sieht eine wichtige Rolle der Religionsgemeinschaften darin, öffentliches Gewissen zu sein, „indem sie in Lehre, Predigt und öffentlichen Erklärungen die persönliche Verantwortung zu wecken und zu fördern versuchen, also ‚der Stadt Bestes suchen', wie es der Prophet Jeremia formuliert". Dem religiös neutralen Staat komme die Rolle zu, „die Religion als Lebensmacht wahrzunehmen und sie ohne falsche Parteinahme zu fördern". Eine positive Förderung der Religionsausübung verstoße solange nicht gegen das Prinzip der religiösen Neutralität des Staates, wie der Grundsatz der Gleichbehandlung der Religionsgemeinschaften gewahrt bleibe. Huber unterzieht die Pläne des Berliner Senats, einen verbindlichen Werteunterricht für alle Schüler einzuführen, einer deutlichen Kritik und plädiert nachdrücklich für Regelungen, die sich an Artikel 7 Abs. 3 des Grundgesetzes orientieren und einem Religionsunterricht nach den Grundsätzen der Religionsgemeinschaften „einen ordentlichen Platz an der öffentlichen Schule" einräumen. Er unterstreicht, dass religiöse Erziehung in der Schule für eine ganzheitliche Bildung unverzichtbar sei. In Abgrenzung von fundamentalistischen Denkweisen, vor allem im Islam, stellt Huber für den Umgang der Religionen miteinander das Postulat auf, dass Differenzen „in wechselseitigem Respekt" auszuhalten und auszutragen seien. Angesichts der Bedeutung der Religionsfreiheit als eines fundamentalen Menschenrechts betont Huber die bleibende Verpflichtung aller Religionen zur Kritik dort, „wo im Namen der Religion selbst die Religionsfreiheit verletzt und die wechselseitige Achtung ignoriert wird".

Berlin, im August 2006   Joachim Gaertner
                                                                    Erika Godel

Martin Heckel

Der Augsburger Religionsfriede

Sein Sinnwandel vom provisorischen Notstands-Instrument zum sakrosankten Reichsfundamentalgesetz religiöser Freiheit und Gleichheit

Der Augsburger Religionsfriede zählt neben der Goldenen Bulle von 1356 und dem Reichslandfrieden von 1495 zu den wichtigsten Grundgesetzen des Alten Reichs bis zu seinem Ende 1806. Er hat die Verfassungs- und Kulturgeschichte Deutschlands zutiefst geprägt: Er hat die *Einheit des Reichs* über seine tiefen Krisen infolge der Glaubensspaltung gerettet und den Antagonismus der Konfessionen in ein politisches Koexistenzsystem eingefügt. Im Europa der Religionskriege ließ er ein *Staatskirchenrecht* rechtlicher Freiheit und Gleichheit, Trennung und Integration, Abgrenzung und Teilhabe entstehen, das eine freie und friedliche religiöse Entfaltung der evangelischen wie der katholischen Konfession in den Schranken weltlicher Gemeinwohlerfordernisse gewährleistete und durch seine zukunftsträchtige Ordnung des Ausgleichs Religionsunterdrückung weithin zu verhüten und zu mildern half. Die Bindung der öffentlichen Gewalt an *Verfassungsgesetze* wurde durch ihn entscheidend verstärkt, der Absolutismus im Reich verhindert und eine frühe, von Rousseau und Voltaire neidvoll gerühmte Form der *Rechtsstaatlichkeit* aufgerichtet. Auch der deutsche *Föderalismus* verdankt seine Entstehung und typische Ausgestaltung wesentlich dem Religionsfrieden, weil sich im Staatskirchenrecht des Alten Reiches der Dualismus zwischen dem Kaiser und den Reichsständen und der Dualismus zwischen den beiden Religionsparteien über Kreuz im Gleichgewicht hielten und daran die kaiserlich-katholische Vorherrschaft im Schmalkaldischen wie im Dreißigjährigen Krieg gescheitert ist. Der Religionsfriede förderte entscheidend den *Staatsbildungsprozeß* der frühneuzeitlichen deutschen *Territorien*, weil er die reichsrechtlichen Rahmenbedingungen für ihre Konfessionalisierung durch das landesherrliche *Kirchenregiment* schuf, die zur Konsolidierung der Herrschaftsgewalt und der Gebietsgrenzen im Konfessionsstaat führte. Das hat die Religionsverhältnisse der Bevölkerung bis zu den großen Migrationsbewegungen unserer Kriegs- und Nachkriegszeit bestimmt und ihre Kulturentwicklung durch die Spannung und gegenseitige Befruchtung ihrer unterschiedlichen Glaubenshaltung und Geisteswelt, Kunst- und Gesellschaftsform tief beeinflußt[1]

I. Der Religionsfriede von 1555
1. Sein Inhalt

Der Religionsfriede von 1555 trägt ein Janusgesicht, er weist ins Mittelalter und in die Moderne. Der katholischen Kirche bot er den dringend benötigten Schutz und institutionellen Rückhalt gegen die vordringenden Protestanten, aber er

---

[1] Aus Raumgründen verweise ich auf die ausführlichen Literatur- und Quellenangaben in meinen nachfolgend zit. Schriften, abgedruckt auch in *Martin Heckel*, Gesammelte Schriften Bd.1 und 2, 1989, Bd. 3 und 4, 1997, Bd. 5, 2004. Vgl. ferner *Martin Heckel*, Deutschland im konfessionellen Zeitalter, 2. Aufl., 2001, S. 239-277.

brachte ihr auch Bedrängnisse und entscheidende Verluste[2]. Indem er den seit der Reichsreform 1495 aufgerichteten Reichslandfrieden auch auf die religionsbedingten Streitigkeiten aus der Reformation Luthers erstreckte, hat er die Anwendung des mittelalterlichen Ketzerrechts auf ihn und seine Anhänger aufgehoben und das Monopol der katholischen Kirche und Lehre im Reich gebrochen[3]. Den Protestanten bescherte er damit die erste feste, dauernde Existenzsicherung nach den wechselvollen vorläufigen Friedständen von 1532, 1539, 1541, 1544.

Den Reichsständen wurden durch seine Friedens- und Freiheitsgarantien die freie Bekenntniswahl und die religiöse und territoriale Neuordnung im Sinn der beiden großen Konfessionen eingeräumt; ihre Bekenntnisse und Kirchenordnungen waren ausdrücklich in deren Schutz einbezogen. Das Kirchengut und die kirchlichen Institutionen wurden in kompliziert differenzierten Regelungen zwischen ihnen verteilt. Abgestufte Spezialnormen galten für die Reichsbistümer und Reichsabteien, die Reichsstädte und Reichsritter. Den Untertanen blieb nur das Auswanderungsrecht aus religiösen Gründen garantiert. Das jahrzehntelange Ringen beider Konfessionen seit der Reichsacht gegen Luther im Wormser Edikt von 1521 hatte zum politischen Patt und zum rechtlichen Kompromiss geführt. Beide Konfessionen behaupteten sich in fortdauernder Konfrontation als machtvolle geistlich-weltliche „Religionsparteien" und schlossen äußerlich Frieden.

2. Seine Bedeutung

Seit 1555 war der Anspruch der päpstlichen Kirche auf Einheit und Einzigkeit, Universalität und Katholizität, Glaubensgehorsam und jurisdiktionelle Obödienz durch das Reichsrecht nicht mehr durchsetzbar. Die alte geistlich-weltliche Einheit von Kirche und Reich war damit aufgebrochen, die „konstantinische" Verbundenheit der geistlichen und weltlichen Gewalt wesentlich gelockert bzw. zur Disposition der Reichsstände gestellt. Darin liegt eine folgenschwere Abkehr von der mittelalterlichen Tradition. Der konfessionelle Streit um die wahre Lehre aber ging 1555 weiter und verschärfte sich noch in den folgenden Jahrzehnten mit der Konfessionalisierung aller Lebensbereiche.

Aber er wurde nun durch die *politische Koexistenzordnung* 1555 auf Dauer *rechtlich neutralisiert*. Ihr lag ein politischer Begriff von Friede, Einheit und Freiheit zugrunde, der insoweit (d. h. in entscheidenden Punkten) die überkommene religiöse Bestimmtheit des Reichsrechts abstreifte. Sie führte auf den Weg in die Moderne der säkularen, aus der kirchlichen Bindung emanzipierten Staatsgewalt und Rechtsordnung. Ihr *Friede* bezweckte und bewirkte nicht den

---

[2] *Heckel*, ZRG Kan. Abt. 45 (1959), S. 141-248, 167 ff.; *ders.*, in: Abhandlungen d. Akademie der Wissenschaften Göttingen, Phil.-hist. Klasse, 3. Folge, Bd. 228 (1998), S. 25-67, 39 ff., 43 ff.; *(= GS I, S. 1-82, 20 ff.; GS III, S. 336-381, 351 ff., 355 ff.).*

[3] *Heckel*, (Fn. 1), S. 39 ff., 45 ff.,.67 ff., 114 ff.; *Konrad Repgen*, Dreißigjähriger Krieg und Westfälischer Friede. Studien und Quellen, hrsg. v. *Franz Bosbach* und *Christoph Kampmann*, 1998, S. 275, 278; *Horst Rabe*, Reich und Glaubensspaltung. Deutschland 1500-1600, 1989, S. 299 ff.

religiösen Frieden, sondern die politische Friedenswahrung, spaltete also den äußeren weltlichen Frieden ab vom inneren, geistlichen Frieden zwischen den Christen (und d. h. auch zwischen den Konfessionen), der in der Kirche als der wahre Frieden mit Gott gepredigt und gesucht wurde. Ihre *Einheit* war eine politisch-weltliche Einheit; die alte Einheit des Reichs im gemeinsamen Glauben und Kirchenwesen wurde aufgegeben. Ihre *Freiheit* war die weltliche Wahlfreiheit aus dem politischen Religionsfrieden zwischen den beiden herrschenden Bekenntnissen – also zwischen dem wahren Glauben und der „Häresie" (jeweils in der Sicht der Gegenseite). Sie unterschied sich mithin zutiefst von der „Freiheit des Christenmenschen", die nach der Lehre Luthers aus der reinen Verkündigung des Evangeliums und aus der dadurch bewirkten Rechtfertigung des Sünders sola scriptura, sola fide, sola gratia erwuchs und zum Dienst am wahren Glauben und seinem Wirken in der Welt befreite, wie ja auch nach der katholischen Lehre die wahre Freiheit nur im Glauben und in der Nachfolge Christi, in der Gemeinschaft der wahren katholischen Lehre, Kirchengewalt und Kirchenorganisation existierte und zum Heil führte.

3. Schutz der evangelischen Kirchen – Doppelschichtigkeit des Reichskirchenrechts

Diese paritätische Neutralisierung und säkulare Formalisierung des Religionsrechts im Reich stand in eigenartigem Gegensatz zur strikten *Bekenntnisbindung* nicht nur des katholischen, sondern auch des evangelischen Kirchenrechts in den *Territorien*. Das neue Verständnis der Heiligen Schrift ließ hier das bekenntniswidrige Kirchenrecht in sich zusammenfallen und dann durch die evangelische Kirchenordnungen ersetzt werden. Und auch soweit man äußerlich die Terminologie und die Institutionen des kanonischen Rechts beibehielt, wurden nun die alten Rechtsbegriffe und Rechtsformen durchweg im Sinn der evangelischen Bekenntnisschriften verstanden und vollzogen[4]: Das betraf das ius divinum und das ius humanum, Taufe und (allgemeines?) Priestertum, Papsttum und Konzil, Bischofsamt und Hochstift, Hirten- und Weihegewalt, Häresie und Bann, Pfarramt und Pfründe, Kirchengut und Schule, Orden und Spitäler, Ehe- und Erbrecht, Freiheit und Bindung, Gehorsam und Widerstand, geistlichen Gewalt und weltlichen Obrigkeit, ihre Aufgaben und ihre Grenzen, ihre Unterscheidung und ihren gegenseitiger Dienst. Dies alles wurde nun anders interpretiert, neu definiert, teilweise eliminiert und alles in allem praktiziert nach den *reformatorischen Kriterien* über Schöpfung und Erlösung, Gesetz und Evangelium, Gesetzlichkeit und christliche Freiheit, Rechtfertigung und Heiligung, Buße und Gnade, Glaube und Werke, Sakrament und Heil, Verkündigung und Ordnung, Kirche und Welt, Geistliches und Weltliches, die beiden Reiche und Regimente, Amt und Gemeinde, geistlichen Stand und weltlichen Beruf und über die Schutzpflichten der weltlichen Gewalt für die wahre Kirche. Als *göttliches*

---

[4] Das geschah in weitem Umfang, wie etwa aus der Umdeutung der potestas ecclesiastica in Art. XXVIII der Augsburgischen Konfession und der Apologia Confessionis zu ersehen ist; erst die Aufklärung meinte dies als „papistische" Reste auszumerzen zu sollen. Vgl. *Heckel*, in: Abhandlungen d. Akademie der Wissenschaften Göttingen (Fn.2), S. 25, 30 ff., 39 f.

Recht blieb danach nur das ministerium verbi publicum zur Wortverkündigung, die Schlüsselgewalt, die Taufe und das Abendmahl anerkannt – nicht jedoch der Primat Petri, die apostolische Sukzession, die päpstliche Kirchen- und Weltherrschaft, die Bischofsverfassung, die Scheidung von Klerus und Laien, die Priesterweihe als sakramentaler Grund der Hierarchie und die kanonische Ausformung der Weihe- und Hirtengewalt, auf die sich das kanonische Recht gründete. Das katholische Meßopfer wich dem evangelischen Predigt- und Abendmahlsgottesdienst, das Mönchstum dem evangelischen Berufsethos, das die Bewährung des Christen im weltlichen Beruf als Gottes- und Nächstendienst verstand. Die Meßpfründen und Klöster wurden frei zur „Reformation" für den Gemeindegottesdienst und das kirchliche Schul-, Armen- und Krankenwesen, der Überschuß wurde durch „Säkularisation" für Zwecke des Landesausbaus, des Festungswesens u. a. m. umgewidmet. Das veränderte Verständnis des ius divinum ließ das ius humanum einstürzen, wenn und soweit es jenem widersprach. Die Mönche verließen die Klöster, statt der Messe wurde evangelisch gepredigt und das Kirchengut dafür benützt, auch ohne einen förmlichen Rechtsakt der geistlichen oder der weltlichen Obrigkeiten abzuwarten, die dann das evangelische Kirchenwesen als „Notbischöfe" neu organisierten, woraus sich bald in theologisch unbeabsichtigter juristischer Verselbständigung der landesherrliche Summepiskopat entwickelte. Das alles vollzog sich im Schutz der neuen säkularen Friedensordnung des Reichs.

4. Die Reaktion der katholischen Kirche – Vermeidung des Protestes bis 1648

Der tiefe Widerspruch dieses bikonfessionellen Reichskirchenrechts zum kanonischen Recht lag offen zutage und wurde der Kurie bereits im Herbst 1555 durch ein Gutachten Kardinal Morones dargelegt. Warum hat sie nicht schon im Jahre 1555 dagegen protestiert, ja auch in den nachfolgenden friedlichen Jahrzehnten unter günstigeren Auspizien geschwiegen, bis sich das bikonfessionelle Rechtssystem im Reich und das evangelische Kirchenwesen in den Territorien nach drei Generationen unumkehrbar verfestigt hatten? Warum hat sie 1648, da die Erschöpfung der Kriegsparteien die gewaltsame Restauration vorreformatorischer Zustände illusorisch machte, nicht weiterhin auf den Protest verzichtet, sondern durch das Breve *Zelo domus Dei* Innozenz X. das große Europäische Friedenswerk mit bombastischer Verurteilung der katholischen wie der nichtkatholischen Mächte gespenstisch abgehoben für null und nichtig im Kirchen-, Staats- und Völkerrecht erklärt? Wie konnte sie sich durch den Protest gegen den Frieden stemmen, der den entsetzlichen Krieg beendete? Auf diese Fragen sucht die Geschichtsschreibung seit Jahrzehnten erfolglos nach einer Antwort[5].

Die Gründe für dieses rätselhafte Verhalten sind vielschichtig und verwickelt. In den Anfängen der Reformation hatte die Kurie die Tiefe und Tragweite des Umbruchs zunächst lange unterschätzt. In den folgenden Jahrzehnten wurde ihr die Unvereinbarkeit des neuen Reichskirchenrechts mit dem kanonischen Recht und

---

[5] *Repgen*, Die römische Kurie und der Westfälische Friede, 1/ 1, 1962, S. 83 ff., 87 ff.; ders., (Fn. 3), S. 278 ff., 281; *Heinrich Lutz*, Christianitas afflicta. Europa, das Reich und die päpstliche Politik im Niedergang der Hegemonie Karls V., 1964, S. 443, 473 ff.; *Fritz Dickmann*, Hist. Zeitschr. 201 (1965), S. 265, 304 f.

mit der katholischen Sicht des ius divinum zwar immer deutlicher bewußt. Aber sie war verunsichert durch die rasante Ausbreitung der evangelischen Bewegung und gelähmt durch das Versagen des Episkopats der deutschen Reichskirche, der in dieser schwersten Krise seine geistlichen Amtspflichten und Reformaufgaben fast überall versäumte und sich statt dessen den weltlichen Regentenpflichten und Lebensfreuden des Hochadels hingab. So war die römisch-katholische Kirche noch lange nach 1555 existentiell auf den äußeren Schutz des Religionsfriedens angewiesen, um sich zur inneren Erneuerung durch die katholische Reform zu sammeln und zur offensiven geistlichen Gegenwehr durch die Gegenreformation zu rüsten.

II. Zur Eigenart des bikonfessionellen Reichskirchenrechts von 1555
1. Sein vormoderner Charakter

Das bikonfessionelle Reichskirchenrecht von 1555 besaß jedoch auch gewisse „vormoderne" Wesenszüge. Sie werden allzu leicht verdrängt oder verkürzt, weil die Geschichtsschreibung sich stärker für die Wirkungen des Religionsfriedens auf die nachfolgende Periode zu interessieren pflegt.

Drei Momente haben sich nachhaltig auf das System des Religionsfriedens ausgewirkt: Die Idee der *Einheit der Kirche* Jesu Christi und das Verlangen nach Wiedervereinigung der Konfessionen in der Wahrheit, sodann die *Glaubensbestimmtheit des Rechts* und drittens die *Notrechtsbegründung* und der *suspendierende Interimscharakter* der weltlichen Friedensnormen. Hierbei geht es um theologisch-juristische Argumente von eminenter historischer Auswirkung, die sich nur durch die interdisziplinäre Kooperation der Historie, Jurisprudenz und Theologie erschließen. Sie beeinflußten – vielfach unterschwellig und schwer greifbar – die Vorgeschichte und die Voraussetzungen des Religionsfriedens, seine Zielsetzung und seinen Inhalt. Aber sie haben auch seine spätere Auslegung und Anwendung bis zum Westfälischen Frieden geprägt und noch im IPO (Instrumentum Pacis Osnabrugense) ihre Spuren hinterlassen[6].

2. Das Kardinalproblem der Wahrheit und Einheit des Glaubens und der Kirche

Das Ringen beider Konfessionen um die Reinheit und Einheit der Lehre und Kirche Jesu Christi hat das Reichsrecht seit den Anfängen der Glaubensspaltung bis weit über 1555 hinaus umgetrieben. Die Reformatoren wollten bekanntlich keineswegs die Abspaltung und Neugründung eines protestantischen Kirchenwesens, sondern die Erhaltung und Reformation der einen universalen apostolischen katholischen Kirche, die durch die Erneuerung ihrer Verkündigung gemäß der Heiligen Schrift ihre wahre Katholizität im Sinn des reinen Evangeliums wiedererlangen sollte[7]. Die Einheit, Universalität, Exklusivität der wahren Kir-

---

[6] Diese Momente waren bei beiden Religionsparteien zu finden und haben ihre Auseinandersetzung mit dem Gegner dauernd und intensiv bestimmt. Sie wurden freilich von beiden Seiten unterschiedlich und unterschiedlich intensiv ausgeformt, wie es ihr ungleiches Verständnis vom Wesen der Kirche und Kirchengewalt, Welt und weltlichen Gewalt mit sich brachte.

[7] *Heckel*, (Fn. 4), S. 41, auch S. 29 ff.; *ders*., in: Festschrift für Alexander Hollerbach, 2000, S. 209-241, 220 ff.

che und ihrer wahren Lehre erschien beiden Konfessionen göttlich geboten und menschlich unauflöslich: sie galt beiden als *iure divino unantastbar* vorgegeben und der zuwiderlaufenden Verfügung durch menschliches Recht prinzipiell entrückt. Eine Kirchenspaltung konnte von beiden Konfessionen im Grunde weder als theologisch „legitim" akzeptiert noch als juristisch „legal" sanktioniert werden – mit diesem tieferen Vorbehalt musste ein politischer Friedensschluss mit „Häretikern" fertig werden; er durfte die Einheit der Kirche und die Bindung ihrer Ämter und Güter an den wahren Glauben nicht verraten.

Da aber die Reformation ebenso stecken blieb wie die Gegenreformation, sonderten sich doch faktisch die beiden Konfessionen in zwei konkurrierende Konfessionskirchen voneinander ab – die jedoch beide weiterhin die unauflösbare Einheit und Reinheit der Kirche verfochten und jeweils mit dem eigenen Kirchenwesen identifizierten. Beide nahmen deshalb auch alle Kirchenämter und Kirchengüter – die ja zum Dienst der einen wahren Kirche gewidmet waren und ihr gehörten – mit selbstverständlicher Konsequenz für ihren eigenen Gottes- und Kirchendienst in Besitz und in Gebrauch und forderten dafür den Schutz der weltlichen Gewalt, wo immer und soweit die Verhältnisse dies möglich machten. Gerade die *Einheits- und Identitätsbehauptung* trieb beide Seiten um so tiefer *in die Trennung* und dauernde Entzweiung, die alle kirchlichen und weltlichen Beziehungen erfaßte und vergiftete. Die Spaltung war für jeden Christenmenschen hüben wie drüben geistlich ein Ärgernis, rechtlich ein Unding und politisch eine Gefahr; sie musste geistlich und rechtlich überwunden werden.

3. Die Wiedervereinigung der Konfessionen als Verfassungsgebot

Deshalb hatte die Wiedervereinigung der Konfessionen für den Religionsfrieden rechtlich einen kardinalen Rang, der auch in seinem Text deutlich zum Ausdruck kam, mögen auch moderne Augen dies leicht überlesen[8]: Sie wurde als sein Verfassungsziel beschworen, sie war die Verfassungsvoraussetzung seines Abschlusses, ein Verfassungsauftrag seines Inhalts und zugleich der Endtermin bzw. die auflösende Bedingung seiner Geltung: Mit ihrem Zustandekommen sollte er außer Kraft treten, da er – förmlich – nur zur und nur bis zur Beilegung des Glaubensstreites geschlossen wurde, weil „ohne beständigen Frieden zu Christlicher, freundlicher und endlicher Vergleichung der Religion nicht wohl zu kommen" sei (§§ 7, 9, 25 AR). Der politische Religionsfriede enthielt ja eine überaus fragwürdige Verfügung der weltlichen Gewalten über die kirchlichen Ämter, Güter, Wirkungsmöglichkeiten, und dies ohne die Mitwirkung, geschweige denn Zustimmung der geistlichen Gewalt. Seine Rechtsgültigkeit schien nur damit zu begründen, daß er als das einzig geeignete und existentiell *notwendige Mittel* zur gegenwärtigen *Rettung der göttlichen Wahrheit* vor den Glaubensgegnern und zugleich zur *Wiedererlangung der kirchlichen Einheit*, d. h. zur künftigen Wiedervereinigung der Konfessionen verstanden (bzw. ausgegeben) werden konnte, nachdem zuvor alle früheren friedlichen und gewaltsamen Einigungsbemühungen durch Religionsgespräche, Konzilsvorbereitungen,

---

[8] *Martin Heckel*, Gesammelte Schriften, Bd. 3, 1997, S.179-203, 181 ff.; *ders.*, ZRG Kan. Abt. 85 (1999), S. 387-400, 399; *ders.*, (Fn. 1), S. 43 f.

Reichstagsverhandlungen, katholische Reichsexekution und evangelisches Widerstandsrecht gescheitert waren.

1555 hat sich vor allem König Ferdinand für die Wiedervereinigung eingesetzt[9]. Die Reichsstände sind ihm darin mit unterschiedlichem Elan, viele mit halbem Herzen, gefolgt, weil es ihnen um die eigene Sicherheit durch Aufrichtung des politischen Friedens als nächstes, vordringlichstes Ziel ging. In der Tat bestand um 1555 noch die Möglichkeit zum Ausgleich durch Religionsgespräche der führenden Theologen, wie sie auf Ferdinands Drängen in Worms 1557 nochmals aufgenommen wurden, bald aber versandeten und nach Ende des Trienter Konzils 1563 in der verschärften konfessionellen Konfrontation unmöglich wurden[10].

Der Religionsfriede hat dabei freilich selbst kontraproduktiv gewirkt[11]. Sein Nahziel war der politische Friede, um als Fernziel die geistliche Einigung ohne Zwang und Misstrauen zu ermöglichen; die weltliche Einheit des Reichs sollte vorläufig gesichert werden, um später seine geistliche Einheit wiederzugewinnen. Aber das Nahziel hat sich rasch verselbständigt und das Fernziel letztlich ganz verdrängt. Nachdem sich beide Seiten im Schutz des politischen Friedens gesichert wussten und verschanzen konnten, haben sie sich in verschärfter theologischer Trennung und juristischer Selbstbehauptung vom Bekenntnis des Gegners abgegrenzt und dieses mit den Kanonaden ihrer Kontroverstheologie überzogen. So hat sich die Vertagung des Wiedervereinigungsgebots auf unbestimmte Zeit – in paradoxer Umkehr seines Sinnes – als Garantie der Dauertrennung ausgewirkt. Das vollzog sich so rasch und reibungslos in der zunehmenden Konfessionalisierung der nächsten Jahrzehnte, daß die Wiedervereinigungsproblematik aus der juristischen Diskussion und Literatur des Alten Reichs verschwand und bis heute fast vergessen blieb.

4. Verrechtlichung und kryptotheologische Interpretation

Die unaufgebbare *Einheit und Reinheit* der Kirche blieb jedoch auch weiterhin das Leitbild beider Konfessionen, nachdem die Hoffnung auf eine einvernehmliche Glaubensvereinigung erloschen war. Sie wirkte nun gleichsam in indirekter, *juristisch verschleierter* Weise: Beide setzten auf die Zukunft und suchten mit allen juristischen Mitteln ihr eigenes konfessionelles Verständnis der kirchlichen Einheit und christlichen Wahrheit auf Kosten der Gegenseite durchzusetzen. Die Friedensgarantien von 1555 dienten so bis zum Westfälischen Frieden als Aus-

---

[9] *Axel Gotthard,* der Augsburger Religionsfrieden, 2004, S. 34, 58, 88, 93.

[10] Hätte Rom schon 1555 protestiert, so wäre dies nicht nur ein Affront gegen Ferdinand und alle friedliebenden Reichsstände gewesen, sondern hätte auch als zynische Blockade der Wiedervereinigung gewirkt, die als gemeinsames Ziel durch den Religionsfrieden als Mittel erreicht werden sollte. Dies wäre dem Heiligen Stuhl übel vergolten worden, nachdem er schon früher – traumatisiert durch den Superioritätsanspruch der Reformkonzilien über den Papst im 15. Jahrhundert – die Bemühungen Karls V. um ein Konzil zur Beilegung des Religionskonflikts durchkreuzt hatte, bis es dafür zu spät gewesen war, zumal es um die geistliche Autorität Roms vor der kirchlichen Erneuerung durch das Reformpapsttum nicht gut bestellt war.

[11] *Heckel,* (Fn. 8), S. 181 f.

gangspositionen für das hundertjährige juristische Ringen der beiden Religionsparteien um die Erweiterung des eigenen und die Verkürzung des gegnerischen religiösen Machtbereichs im Reich. Das große Thema der Theorie und Praxis des Reichsstaatsrechts von 1555 bis 1648 wurde nun die Rechtsinterpretation nach dem *konfessionellen Vorverständnis*. In diesem Sinne erhoben beide Religionsparteien auf den Reichstagen nach 1555 in ihren Gravamina erbitterte Klage über die (angeblichen) Rechtsverletzungen des Augsburger Religionsfriedens durch die Gegenseite[12].

Das Grundprinzip von 1555 war die Verrechtlichung des Konfessionskonflikts zum Zweck seiner Neutralisierung. Das beiderseitige Festhalten an ihrem Begriff kirchlicher Einheit und Reinheit ließ jedoch eine konfessionell voreingenommene, aber säkular verdeckte Interpretation entstehen, die den gemeinsamen Religionsfriedensartikeln die eigenen konfessionellen Prinzipien unterschob und dies zugleich scheinbar neutral und bieder leugnete und verschleierte[13]. So suchte sie die Gegenseite zu übervorteilen und möglichst weit auf den Boden des eigenen konfessionellen Rechts- und Weltverständnisses herüberzuziehen, nachdem die Hoffnung auf die Rückkehr der verlorenen Brüder versiegt und die theologische Kommunikation zwischen beiden Konfessionen abgerissen war. Die Interpretation war *krypto*theologisch: Denn die unmittelbare, offene Berufung auf theologische Argumente (also auf die evangelische Sicht der Heiligen Schrift und die Confessio Augustana von 1530 bzw. auf die katholischen Dogmen und das kanonische Recht) trat in der juristischen Auseinandersetzung nach 1555 rasch zurück, da dies den Gegner nach der Bekenntnisabgrenzung in Trient nicht mehr überzeugen, sondern nur zum Widerstand und Waffengang reizen konnte; umso stärker wirkten unterschwellig die konfessionellen Ziele und Tendenzen. – Die Struktur des Religionsfriedens gab Gelegenheit zu Streit im Überfluss. Denn seine Artikel waren nicht in der Konsequenz und systematischen Stimmigkeit aufgeklärter Kodifikationen, sondern im zähen diplomatischen Ringen ausgehandelt; sie strotzen bekanntlich von *Zweideutigkeiten*, von Tücken und Lücken, die von den Vertragschließenden z. T. bewusst hineingebracht und unklar gelassen worden waren, um sich für die Zeit danach günstige Ausfallspositionen für den Interpretationsstreit zu sichern.

5. Ihre Anwendung bei Protestanten und Katholiken

Diese Methode wurde von der protestantischen Kontroversjurisprudenz auf ihren zahlreichen kleinen Universitäten ingeniös entwickelt und in der Reichspraxis imposant praktiziert, was auch die Judikatur des Reichkammergerichts beeinflusste; der Westfälische Friede ist zum guten Teil in ihren Kategorien formuliert worden[14]. Aber sie bot auch den Katholiken Chancen für die Zukunft,

---

[12] *Christoph Lehmann*, De Pace Religionis Acta Publica et Originalia, 1707, S. 79, 83, 90, 103, 117 ff., 131 ff., 135, 139, 167, 189, 218, 232, 256, 268, 287. – Heckel, (Fn. 1), S. 50 ff., 67 ff., 100 ff.; *ders.*, in: *Konrad Repgen* (Hrsg.), Krieg und Politik 1618-1648, 1988, S. 107 ff., 113 ff., 122 ff., 125 f.

[13] Heckel, ZRG Kan. Abt. 45 (1959), S. 164 ff., 167 ff.; *ders.*, (Fn. 12), S. 114 ff., 118 ff.

[14] *Martin Heckel*, ZRG Kan. Abt. 42 (1956), S. 117-247; Kan. Abt. 43 (1957), S. 202-308; *ders.*, ZRG Kan. Abt. 77 (1991), S. 283-350, 309 ff., 328 ff.; *Dietrich Kratsch*, Justiz –

zumal sie sich in ihrer Bedrängnis und Sorge vor der künftigen Entwicklung selbst dringend auf den Schutz des Friedens angewiesen fühlten. Seit den achtziger Jahren des 16. Jahrhunderts konnten sie den Vorsprung der Protestanten in der Disziplin des deutschen Reichskirchenrechtes allmählich aufholen und ihre juristischen Positionen in der Theorie und Reichspraxis ausbauen. Ein unzeitiger Protest aus Rom gegen die Religionsfrieden hätte dies brüsk durchkreuzt. Auch aus diesem Grund nahm die Kurie den Religionsfrieden ohne Widerspruch hin.

Insgesamt kämpften die *Evangelischen* für die Erweiterung des ius reformandi der weltlichen Reichsstände (z. B. bei der Verwendung der landsässigen Kirchenämter und Kirchengüter), besonders auch der Reichsstädte und der Reichsritter, aber auch der Geistlichen Reichsstände, d. h. der Fürstbischöfe und -äbte, und ihrer evangelischen Landstände, sowie für die allgemeine Religionsfreiheit („Freistellung") aller Untertanen im Reich[15]. Die *Katholiken* strebten zunächst nach möglichst weiter Erhaltung des status quo und dann nach Machterweiterung durch das kanonische Recht und ihre Mehrheitsentscheidungen in den Reichsorganen. – So führte der Konflikt der Konfessionen nicht nur zur religiösen, sondern auch zur rechtlichen Entzweiung, die sich aus der religiösen Zweckausrichtung, Begründung und Begrenzung des Rechts durch die kryptotheologische Interpretation im konträren konfessionellen Vorverständnis der beiden Religionsparteien ergab:

6. Die verschleierte Spaltung der Religionsverfassung

Dadurch vertiefte sich die innere Spaltung der Religionsverfassung des Reichs, die den äußerlich gemeinsamen Normenbestand in ein konträres *katholisches und evangelisches Verfassungsverständnis* (mit gewissen Gemeinsamkeiten und Übergängen) auseinander fallen ließ und jeweils bei den strittigen Hauptpunkten des Religionsfriedens zur unüberbrückbaren Konfrontation aufbrach. Das machte die Reichsinstitutionen vom Reichstag bis zur Gerichtsbarkeit schon vor dem Dreißigjährigen Krieg nacheinander funktionsunfähig und bot jede Menge Zündstoff für den Krieg. So kam es zur Blockierung der Gerichtsbarkeit des Reichskammergerichts seit etwa 1580 und zur Sprengung des Reichstags 1608. – Nach den Waffenerfolgen Wallensteins versuchte das Restitutionsedikt Ferdinands II. vom 6. 3. 1629 die katholische Interpretation des Religionsfriedens in einigen Zentralpunkten durchzusetzen[16]. Die Protestanten erblickten darin den Auftakt zu einer umfassenden Offensive. – Die Lösung gelang erst im Westfälischen Frieden mit der Einführung der itio in partes zum Zweck der amicabilis compositio, d. h. also durch Verfahrensformen der Freiheit und Kooperation, welche die konfessionsfremde Majorisierung und Vergewaltigung verboten; konfessionsbedingte Konflikte mussten nun auch im konkreten Streitfall durch

---

Religion – Politik. Das Reichskammergericht und die Klosterprozesse im ausgehenden sechzehnten Jahrhundert, Tübingen 1990.

[15] Mit ausf. Lit. *Heckel*, in: Festschrift für Knut Wolfgang Nörr, 2003, S. 349, 355 ff.; *ders.*, in: Festgabe für Gottfried Seebaß, 2002, S. 75, 93 ff.

[16] *Michael Frisch*, Das Restitutionsedikt Kaiser Ferdinands II. vom 6. März 1629, 1991; *Heckel*, in: Wirkungen europäischer Rechtskultur. Festschrift für Karl Kroeschell, 1997, S. 351, 359.

Vereinbarung geregelt werden – also auf dieselbe Art, wie dies generell 1555 und 1648 geschehen war.

Bis dahin wurde der Konfessionsgegensatz nicht überbrückt, sondern überdeckt und „*dissimuliert*". Die rechtliche Argumentation gewann dadurch einen Zug von Unaufrichtigkeit und Ungreifbarkeit; religiös begründete Rechtlichkeit verschmolz mit politischer Durchtriebenheit und juristischer Raffinesse. Die echte Sorge um das Seelenheil der armen und bedrohten Glieder der eigenen, aber auch der fremden Konfession, die man nicht dem Irrglauben und Verlust des Heils überlassen wollte, und schwere religiöse Gewissensnöte verquickten sich mit der Herrschsucht über fremde Seelen und der Habgier auf fremdes Kirchengut. – Unterschwellige Brisanz besaß dabei die Notrechtsidee:

7. *Begrenzter Notrechtscharakter – interimistische Ausnahmeordnung?*

Nur als Notrechtsordnung konnten die Katholiken den riesigen Verzicht auf ihre Kirchenämter und Kirchengüter zugunsten der „Häretiker" und andererseits die Evangelischen den Verzicht auf die göttlich gebotene Verkündigung des wahren Evangeliums überall und für jedermann rechtfertigen[17]. Das Fundament dafür bot der allseitig anerkannte Satz der Scholastik, daß ein geringeres Übel zulässig ist, wenn und soweit es notwendig ist, um ein größeres zu vermeiden. Auf das Not-Argument hat sich schon 1555 der Religionsfriede in seinem Wortlaut und Sinn gestützt, und noch Pius XII. hat diesen im Juli 1955 bei der Jubiläumsfeier dadurch begründet. – Die Notlage war 1555 dem König Ferdinand und den Reichsständen beider Seiten offenbar und wurde von ihnen allen übereinstimmend beklagt. Ein Protest der Kurie hätte als zynische Bestreitung der Not des Reichs gewirkt und nicht nur die Situation in Deutschland gründlich verkannt, sondern auch ihre Möglichkeiten zur künftigen Überwindung der Krise verbaut:

Denn eine maßgebliche katholische Interpretation hat seit den 1580er Jahren dieses Notstandsrecht mit konsequentem Scharfsinn nur als eine Art *zweiter Ausnahmeverfassung* während der anhaltenden Verfassungsstörung gelten lassen wollen: Der Religionsfrieden habe nicht die Aufhebung des kanonischen Rechts und der früheren reichsrechtlichen Verbote gegen die Protestanten bewirkt, sondern nur deren Vollstreckung *interimistisch suspendiert*[18]. Die Fundamente der päpstlichen und bischöflichen Jurisdiktionsgewalt und des katholischen Sakramentsrechts waren ja nach ihrer Sicht im ius divinum gegründet. Der Friede habe sie gar nicht – und keinesfalls auf Dauer – beseitigen können, sondern nur ihren Vollzug vorläufig und jeweils nach den situationsgemäßen Erfordernissen ausgesetzt, zumal die weltlichen Gewalten keine Kompetenz zur Änderung und Abschaffung des kirchlichen Rechts besäßen. Die spezielle Suspension der geistlichen Bischofsjurisdiktion im Religionsfrieden verwendete in der Tat eine

---

[17] *Heckel*, ZRG Kan. Abt. 45 (1959), S. 141, 221 ff.; *Repgen*, Dreißigjähriger Krieg (Fn. 3), S. 542, Fn. 9.

[18] Vgl. die Nachweise in: *Heckel*, in: W. Reinhard/H. Schilling (Hrsg.), Die Katholische Konfessionalisierung, 1995, S. 184, 196-215 ff. – Die Protestanten bestritten gemäß ihrer bekenntnisbetimmten Rechtsauffassung die katholischen Thesen und setzten sich in den Westfälischen Friedensverhandlungen mit schwedischer Hilfe durch.

allgemein gebrauchte zeitgenössische Rechtsfigur, die schon vor 1555 vielfältig zur Suspension des Wormser Edikts von 1521 über die Reichsacht Luthers, des katholisch bestimmten Reichsabschieds von 1530, der Kammergerichtsurteile u. a. m. geführt hatte.

Auch die Protestanten haben die Notrechtsargumentation im evangelischen Territorialbereich nach den Prinzipien ihrer orthodoxen Theologie und Publizistik praktiziert und dort das katholische Religionsexerzitium nur als Ausnahme, mit eingeschränkter Toleranz ohne Parität, in deutlich abgestufter Rechtsstellung und nur dann geduldet, wenn und soweit sonst der öffentliche Rechtsfriede zerrüttet werde[19]. Im Reich hingegen war ihre Lage angesichts des katholischen Übergewichts in der Reichsorganisation anfangs prekär; so mussten sie dort nach dem Wormser Edikt von 1521 zunächst interimistisch den Aufschub der Vollstreckung des katholischen Ketzerrechts erkämpfen. Auch später schien im Reich für sie die Gleichberechtigung das Maximum des Erreichbaren, um nicht von dem katholischen Kaiser und der Vielzahl großen und kleinen geistlichen Reichsstände majorisiert zu werden. Deshalb suchten sie die Religionsverfassung des Reichs zielstrebig zur paritätischen Dauerordnung auszubauen. Sie haben dies nach großen Erfolgen im Jahre 1555 in zäher Abwehr der erstarkenden katholischen Gegenreformation dann 1648 mit schwedischer Unterstützung in unanfechtbarer Perfektion durchgesetzt.

8. Die Ambivalenz der notbedingten Verrechtlichung

Das Notstandsrecht bot zwar augenblickliche Erleichterung in schweren Kalamitäten, weil es einen Ausweg aus sonst unlösbaren rechtlichen Aporien öffnete. Aber auf längere Sicht war es in hohem Grad gefährlich. Die Fortgeltung des Notrechts hing letztlich vom Fortbestand der Notlage ab; die Stabilität der allgemeinen Normen war auf den schwankenden Grund der konkreten Fakten gebaut. Im Notrechtsargument waren die Rechtsfragen, Machtfragen und Glaubensfragen in einem sinistren Zirkel kurzgeschlossen. Auch den immer wiederholten Eiden auf den Frieden war letztlich wenig zu trauen; schließlich konnte man Gott den Herrn nicht als Helfer dafür beschwören, das Reich des Satans zu mehren und zu sichern. Wer die Macht zurück gewann, schien mit der Überwindung der Notlage auch von den Bindungen des Notrechts befreit; so konnte er sich auf das eigentliche, das wahre und höhere, letztlich unverletzbare Recht berufen, wie es gegolten hatte, bevor die Not darüber gekommen war. Das hat bis weit über 1648 hinaus die katholische Jurisprudenz und Moraltheologie in heftige interne Auseinandersetzungen um die Berechtigung und Reichweite religionsrechtlicher Konzessionen getrieben und erbitterte Entgegnungen der Protestanten provoziert. –

Insgesamt bot die Verrechtlichung der Religionsfragen beiden Religionsparteien lange Zeit Frieden und Schutz, hatte aber auch doppelte negative Folgen: Sie führte zur juristischen Veräußerlichung und Verfremdung der zugrunde liegen-

---

[19] Vgl. *Johannes Gerhard*, Loci Theologici, tomus 6, Berolini 1868, locus 24, De magistratu politico § 200, n. 1, 3 ss.; *Heckel*, ZRG Kan. Abt. 42 (1956), S. 186 ff., Kan. Abt. 43 (1957), S. 269 ff.

den theologischen Anliegen, also zur „Gesetzlichkeit" (im theologischen und juristischen Sinn) und zur Säkularisierung und Politisierung der Glaubenfragen. Und die Verrechtlichung hinderte auch den politischen Kompromiss durch juristische Starrheit und Rabulistik; sie schwächte die Integration in den Reichsorganen und erschwerte den Ausgleich in den offenen und in den reformbedürftigen Fragen der Religionsverfassung, der erst nach der allseitigen Erschöpfung durch den Krieg zustande kommen konnte.

9. Erfolge der katholischen Notrechtsstrategie – bis zu Gustav Adolfs Kriegseintritt

Wie schon bei Abschluss des Religionsfriedens 1555 verzichtete die Kurie auch im Krisenjahr 1566 wiederum auf den Protest, als der erste Reichstag nach Abschluss des Trienter Konzils i. J. 1563 die Fortgeltung des Religionsfriedens förmlich bestätigte, ohne sich um die Glaubens- und Reformdekrete des Konzils und um die dubiose Einführung des Calvinismus in der Pfalz zu scheren – womit das Reich faktisch und rechtlich das Konzil beiseite schob, den Vorrang des Reichsrechts vor dem katholischen Kirchenrecht auf Dauer proklamierte und den Frieden selbst mit einem neuen Dissensproblem über die fragwürdige Duldung der Calvinisten strapazierte[20]. – Die Kurie folgte damals und später der klugen, richtungweisenden Strategie des Kardinallegaten Commendone, vorrangig die katholische Sammlung und kirchliche Reform im Schutz des Religionsfriedens voranzubringen. Diese Rechnung ging erstaunlich erfolgreich auf. Und so konnte sich in aller Ruhe auch jene schlüssige katholische Auslegung entfalten, die in brillanter Zweckdienlichkeit den Religionsfrieden nur als Ausnahmeordnung definierte, das Wiedervereinigungsgebot allein im Sinn der Rückkehr in den Schoß der römisch-katholischen Kirche gelten ließ, die Notrechtsargumentation zur bloßer Interimsgeltung verwendete und sie auf eine restriktiv interpretierte Suspensionswirkung reduzierte.

Diese ganze Konzeption hing freilich davon ab, daß ihr nicht eine kuriale Kassation des Religionsfriedens der Boden entzog. Ihre Durchsetzung in der Reichspraxis wurde durch das Restitutionsedikt Ferdinands II. vom 6. 3. 1629 energisch in Angriff genommen.

Aber dies wurde alsbald durch die Intervention Gustav Adolfs und durch den Kriegsverlauf seither vereitelt. Und ihre juristischen Prinzipien und Argumentationslinien wurden nun eindeutig widerlegt durch die präzisierten Formulierungen des Instrumentum Pacis:

III. Die normativen Neuerungen des Instrumentum Pacis Osnabrugense
1. Neufassung des Reichskirchenrechts 1648

Das IPO wollte zwar – nach seiner offiziellen Definition in Art. V § 1 IPO – nur als „perpetua declaratio", als authentische Bestätigung des Friedens von 1555 und als überfällige Klärung seiner alten Probleme gelten. Aber das Reichskir-

---

[20] *Repgen*, Römische Kurie und Westfälischer Friede (Fn. 5), S. 68 ff., 83 ff., 87 ff., 116 ff., 122, 125, 136 ff., 142; *ders.*, Dreißigjähriger Krieg (Fn. 3), S. 260 ff., 278 ff. 282, 287; *Heckel*, (Fn.1), S. 74 ff.

chenrecht erfuhr 1648 wesentliche, minutiös ausgeklügelte Klarstellungen, Konkretisierungen, Verfeinerungen, Veränderungen des materiellen und insbesondere auch des Verfahrensrechts[21]. Dadurch ist es schon in seinem Wortlaut und Umfang, vor allem aber in der Sache und im Sinn zu etwas anderem geworden: Die tiefe Spaltung des Verfassungsverständnisses der Religionsfriedensnormen wurde nun durch die gemeinsame Erneuerung der Grundlagen neutralisiert, d. h. paritätisch formalisiert und ausgeglichen; so wurde die Verfassungsstörung überwunden. Der Gegensatz zwischen der evangelischen und der katholischen Theorie und Praxis wurde durch mühevolle Klärung und Fortbildung der Spezialprobleme und durch deren *Generalkompensation im do ut des* nach Kräften ausgeräumt. In detaillierten Bestimmungen verfügte das IPO neu über die einzelnen Reichsbistümer und Reichsabteien, die Kirchenämter, Kirchengüter, kirchlichen Gefälle, regelte die Kompetenzen der Reichsstände und Reichsgerichte in Religionssachen, das Reformations- und Schutzrecht der Territorialobrigkeiten, die religiöse Freiheitsrechte der Untertanen im abgestuften *exercitium religionis* nach dem Stand des Normaljahrs 1624. Unbestreitbar für alle Seiten galt es fortan im Sinn der *exacta mutuaque aequalitas* seiner Normen. Überragende Bedeutung erlangte ferner die klärende Ausgestaltung der Organisation und des Verfahrens der Reichsinstitutionen einschließlich der Gerichtsbarkeit. So kam es zur genannten Aufhebung des (bisher umstrittenen) Mehrheitsprinzips in allen Religionssachen (einschließlich der damit zusammenhängenden Profansachen) durch die Regelung der *itio in partes* und *amicabilis compositio*. Dadurch wurde die Anwendung und Fortbildung auch des materiellen Reichskirchenrechts entscheidend verändert. Das wurde ergänzt durch Paritätsgarantien über das künftige Verfahren bei der Wiedervereinigung der Konfessionen, das dafür nur ein beiderseitig theologisch akzeptiertes Unionskonzil, nicht ein katholisches Reform- und Kampfkonzil, zuließ.

2. Der neue Sinn- und Systemzusammenhang

Entscheidend war der veränderte Sinn und Systemzusammenhang des Gesamtwerkes, nicht seine Einzelheiten. So wurde ein strikt einvernehmliches Verfahren auch für die künftige Interpretation der Artikel, für die authentische Deklaration der „dubia" und für die Schließung seiner „Lücken" vorgeschrieben. Expressis verbis ausgeschlossen war damit künftig die einseitige Entscheidung

---

[21] Das war auch die Folge der kaiserlichen Verhandlungsführung bei den Westfälischen Friedenstraktaten: Zunächst suchte der Kaiser den Ausgleich mit den deutschen Reichsständen, um mit ihnen vereint gegen die beiden fremden Kronen aufzutreten; deshalb kam er den Protestanten mit erheblichen religionsrechtlichen Zugeständnissen entgegen, die sich jedoch eng an die Schweden hingen, woraufhin der Kaiser seine Strategie wechselte und nun die Franzosen durch dubiose Konzessionen im Elsaß zufrieden stellte. – Vgl. knapp *Heckel*, (Fn. 1), S. 198 ff.; *Volker Press*, Kriege und Krisen. Deutschland 1600-1715, 1991, S. 262 ff.; im einzelnen vgl. *Heckel, Kan. Abt.* 49 (1963), S. 261, 330 ff., 336 ff., bes. 384 ff.,395 ff., 408 ff.; *ders.*, ZRG Kan. Abt. 64 (1978), S. 186 ff., 232 ff., 291 ff.; *ders.*, in: Festschrift für Knut Wolfgang Nörr, 2003, S. 349, 354 ff., 357 ff., 366 ff., 381 ff.; *ders.*, in: Festgabe für Gottfried Seebaß, 2002, S. 75, 93 ff., 96 ff., bes. 110 ff., 115 ff. – Zur späteren Interpretation des IPO aufschlußreich *Bernd Mathias Kremer*, Der Westfälische Friede in der Deutung der Aufklärung, 1989, S. 16 ff.

nach dem „gemeinen" kanonischen Recht durch den Kaiser, durch seinen Hofrat und durch Majoritätsbeschlüsse in den Reichsgremien, die katholischerseits bisher beansprucht und evangelischerseits zurückgewiesen worden war. – Diese *paritätische* Interpretationsregel und die unverbrüchliche *Dauergeltung* des IPO wurden gemeinsam ausgehandelt und beschworen und der Friede anschließend zum Reichsfundamentalgesetz erhoben. – Das bedeutete unbezweifelbar das Ende der maßgeblichen katholischen Theorie, die den Religionsfrieden nur als Notstandsordnung von minderer Rechtsqualität ansah, welche nur die Vollstreckung des kanonischen Rechts gegen die Protestanten interimistisch suspendiert habe, weshalb die Verfassung des Reichs insgesamt römisch-katholisch geblieben sei.

3. Verschleierung des fundamentalen Umbruchs

Auch die gelegentliche Verwendung *dissimulierender* Begriffe konnte den Umbruch nicht eskamotieren. Zwar wurde im Text des IPO die einvernehmliche endgültige Beseitigung der katholischen Bischofsjurisdiktion über die Protestanten *(„penitus ablata esto")* bei der Schlußredaktion wieder als bloße Vollzugsaussetzung *(„penitus suspensa esto")* umbenannt, zwar sprach die Kirchengutsregelung nur von der Aufteilung des „Besitzes" *(„possessio")*, nicht des „Rechts" am Kirchengut, zwar wurde auf das ius reformandi nur als faktische Übung, nicht als Rechtstitel Bezug genommen und auch die Wiedervereinigung wurde zwar nochmals als Endtermin des Friedens aufgeführt[22]. Aber das waren formale Formeln ohne Sachgehalt, denn die einschlägigen Reglungen wurden in voller sachlicher Übereinstimmung auf immerwährende Dauer abgeschlossen und mit der Glaubenseinigung rechnete 1648 keine Seite mehr. Diese Formulierungen sollten die Zustimmung der Katholiken zum Friedensschluss erleichtern und katholische Notrechtsargumente entkräften, die einen ausdrücklichen, „ewigen" Verzicht auf kirchliche Rechte zugunsten der „Häretiker" als Verstoß gegen das ius divinum für nichtig hielten.

Vor allem das Erlöschen der *Wiedervereinigungsidee* hat den Religionsfrieden verändert, ja umgekehrt. Die Friedens- und Freiheitsgarantien waren ja 1555 auch als wesentliches Mittel zur baldigen Vereinigung konzipiert worden – 1648 aber wurde sie als Instrument zur dauernden Abgrenzung und Selbstbehauptung beider Konfessionen und Religionsparteien verstanden und vollzogen. – Die Mithilfe der Obrigkeit an der Reform(ation) der universalen Kirche (sei es als notbischöflicher Dienst in evangelischer, als *bracchium saeculare ecclesiae* in katholischer Sicht) wandelte sich nach 1555 zum hoheitlichen *ius reformandi* der staatlichen Religionsherrschaft über die territoriale Partikularkirche. Als solchermaßen veräußerlichte und säkularisierte Rechtsfigur wurde sie im IPO für beide Religionsparteien bestätigt und näher abgegrenzt.

Auch ihre *Bekenntnisse* waren ursprünglich von beiden Konfessionen als allgemeingültiges Glaubenszeugnis für die eine unteilbare universale Kirche verstanden und definiert worden. Aber die allgemeine Festlegung der Konfessionsver-

---

[22] Dazu *Heckel*, ZRG Kan. Abt. 49 (1963), S. 261, 339; ders., in: Festgabe für Gottfried Seebaß, 2002, S. 75, 109 ff., 115 ff.; (= GS I., 106, 165; GS V, S. 135, 167 ff., 173).

hältnisse auf den Normaljahrs-Status von 1624 durch das IPO ließ das Bekenntnis nun seit 1648 hüben wie drüben als partikulare Staatsdoktrin und als Abgrenzungsmittel der Territorialkirchen durch den Landesherrn erscheinen und wirken. Die Abkehr vom Wiedervereinigungsziel löste die Universalität der christlichen Verkündigung und Kirche in religiöse Partikularität und Dominanz der weltlichen Gewalten auf.

Der Protest der katholischen Kirche richtete sich also keineswegs mit unbegreiflicher neunzigjähriger Verspätung gegen den Religionsfrieden von 1555, sondern gegen die gravierende Entwicklung, die das Reichskirchenrecht seither durchschritten hatte und die in den Religionsartikeln des IPO unwiderruflich in „ewige" Formen gegossen wurde. – Und überdies:

4. Norm und Lage im Zusammenspiel

Normen sind auf Fakten geeicht, wenn sie nicht ins Leere greifen sollen; darum ist ihre Effizienz nur im Blick auf die Fakten zu ermessen. Rechtliche Rückwirkungen hatte deshalb auch die tief greifende Veränderung der *„faktischen" Gesamtsituation* seit 1555, die im theologischen und juristischen, politischen und kirchlichen Bereich unübersehbar eingetreten war. Weil das 1555 geschaffene Reichskirchenrecht 1648 auf gewandelte Voraussetzungen traf, verschob sich auch sein Sinn und hatte andere Wirkungen zur Folge.

Das gilt zumal für den Wiedervereinigungsauftrag und für die Rolle, die dem Konzil als Einigungsinstrument im Religionsfrieden zugedacht war. Um 1555 war das Trienter Konzil nur unterbrochen gewesen. Inzwischen war es zum Abschluss gekommen, aber als reichsrechtlicher Faktor ausgeschaltet worden; seit 1566 war ja der Vorrang des Reichsreligionsrechts und die reichsrechtliche Unbeachtlichkeit der Trienter Konzilsdekrete für die Protestanten besiegelt. Die Tragweite des Ereignisses wird bis heute unterschätzt. – Das bikonfessionelle Rechtssystem – das einst nicht als politischer Selbstzweck, sondern als sichere Basis zur religiösen Einigung geschaffen worden war – veränderte sich durch die theologische Vertiefung der Trennung, durch das Ende interkonfessioneller Religionsgespräche, durch die Reorganisation und Festigung der katholischen Kirche nach Trient, durch die Einführung des Calvinismus, durch den Fortgang und Abschluss der divergenten evangelischen Bekenntnisbildung bei Lutheranern und Reformierten, durch das Abreißen vieler kultureller und sozialer Verbindungen zwischen den Konfessionen, durch die fundamentale Änderung der Einheits- Freiheits- und Gleichheitsvorstellung bei den Politikern und den Juristen beider Konfessionen.

Sodann: Anders als im Schicksalsjahr 1566 war die katholische Kirche 1648 nicht mehr existentiell auf den Schutz durch den Religionsfrieden angewiesen. Die protestantische Bewegung war seit langem abgeebbt und hatte ihre Faszination für Adel und Volk verloren. Die Glaubensfestigkeit des Kaisers und der katholischen Reichsstände, vor allem auch des Episkopats nach der katholischen Reform gab keinen Anlass mehr zu Zweifeln; die Zeiten Kaiser Maximilians II. (1564-76), der sich noch einen lutherischen Hofprediger gehalten hatte, waren vorbei. – Und die Kurie wusste angesichts der allgemeinen Friedenssehnsucht und der militärisch-wirtschaftlichen Erschöpfung aller Seiten, daß ihr kirchlicher Protest weder den Friedensschluss der großen Mächte verhindern noch auch die Friedens- und Freiheitsgarantien der katholischen Religionspartei im Reich zum Einsturz bringen werde – die Antiprotestklausel des IPO schloss das aus. Das war für sie die günstige Kehrseite der Medaille. Deshalb konnte sie sicher sein, durch ihren kirchlichen Protest keine Schuld an einer Kriegsfortsetzung auf sich zu laden.

Im Fazit: Commendones Strategie für den Protestverzicht von 1566 war vom Wandel des Reichskirchenrechts und der Verhältnisse überholt. Sie drohte in konträre Folgen umzuschlagen. Die Zeit des Ausweichens und Abwartens war vorbei. Für die Kurie schlug jetzt die Stunde der unaufschiebbaren juristischen Entscheidung.

5. Gründe für den Protest – Zumutbarkeit eines Verzichts?

Die moderne Historiographie hat zwar die – so rätselhaft späte – Nichtigkeitserklärung des Westfälischen Friedens durch den Heiligen Stuhl in seltener Einmütigkeit verurteilt: Die Kurie habe „konsequente Selbstmordpolitik" betrieben, indem sie sich an einem „Kardinalpunkt in der neueren Kirchengeschichte" „aus dem neu geschaffenen Völkerrecht Europas und Staatsrecht Deutschlands …selbst ausschaltete"[23].

Indessen: Vom katholischen Blickwinkel[24] aus – das muss der Ansatz sein, um die Gründe der Kurie sachgerecht zu verstehen und zu werten, falls die political correctness unserer Tage das erlaubt – dürfte diese Entscheidung der Kurie 1648 freilich damals als durchaus angemessen, ja als vernünftig gelten.

Wie groß war denn der Schaden, der für die Kirche und für die Welt aus dem Protest zu erwarten war? Daß der Protest in der Gegenwart keine Wunder wirken würde, war allseits augenfällig; das Verschweigen aber hätte auch die letzten Zukunftschancen der Kirche verspielt, durch eine Notrechtsargumentation zu retten, was es dann noch zu retten gab. Wenn es nun, wie in jeder Krise,

---

[23] *Konrad Repgen*, (Fn.3) S. 473, 490, 517, 597 ff., einschränkend S. 614. – Konrad Repgen, der beste Kenner der Vatikanischen Archive unserer Tage, hat es als Ergebnis seiner tief dringenden Quellenstudien und jahrzehntelangen Überlegungen bekümmert beklagt, dass damals an der Kurie die Partei der intransigenten Scharfmacher über den ausgleichsgeneigten Kreis unter den Kardinälen siegte. Dazu mein Rezensionsaufsatz Hist. Zeitschr. Bd. 280 (2005), S. 647-690. – Vgl. auch *Fritz Dickmann* (Fn. 5), S. 265-305, 304 f.; *ders.*, Der Westfälische Frieden, 1959, S. 456, 458 f.

[24] Eine rechtshistorische Untersuchung über den Protest von 1648 muss m. E. vorurteilslos und abgewogen die Ursachen und Wirkungen dieses Ereignisses im Verstehenshorizont der Zeitgenossen zu erforschen suchen; sie hat nicht zu befinden über Sein und Sinn, Recht und Macht des Heiligen Stuhls in der Kirche und für die Welt überhaupt, wie auch immer der Autor nach den Maßstäben seiner Theologie oder Welt- und Staatsanschauung darüber persönlich denkt. – Da unsere Studie hier den Gründen der Kurie für ihren späten Protest im Breve Zelo domus Dei gilt, befasst sie sich nicht mit der Stellungnahme der Protestanten hierzu. Die Haltung ihrer Religionspartei und ihrer zeitgenössischen Theologen und Juristen zum päpstlichen Protest gegen den Westfälischen Frieden seit Hermann Conrings großen Werken wäre einer eigenen Untersuchung wert.

Schlimmeres zu verhüten galt: Schlimm war zwar die verstärkte Isolierung des Heiligen Stuhls in der nun neu erwachsenden Völkerrechtsgemeinschaft Europas; doch deren machthungrige Souveräne und „bellizistischen" Räuber fremder Lande und Untertanen hätten ohne den päpstlichen Protest kaum bußfertiger die Mahnungen des Heiligen Vaters befolgt. Die allgemeine Minderung des Gewichts der Kirche in der Aufklärung war auf den Umschwung des Zeitgeistes und nicht auf die normative Zuspitzung des bald verklungenen Protestes von 1648 zurückzuführen.

Viel schlimmer wäre der Fortfall der religionsrechtlichen Freiheits- und Schutzgarantien des Reichs zugunsten der Katholiken gewesen – am schlimmsten aber die Fortführung des kriegerischen Mordens, die kein Christ, auch kein Papst, vor Gott verantworten konnte. In diesem Sinn hatten sich Kaiser Ferdinand und Kurfürst Maximilian I. von Bayern von ihren Beichtvätern und Hoftheologen mit sehr vernünftigen Notrechtsargumenten gewissenhaft überzeugen lassen; folglich wurde dies schon durch die weltlichen Mächte und ihre Anti-Protest-Klausel im IPO verhütet. Weil also die Kurie diese Übel weder anrichten noch verhüten konnte, konnte sie ihren Protest gegen den Friedensschluss unbedenklich verantworten. So stimmte doch letztlich in der Ironie der Weltgeschichte alles in allem einigermaßen überein.

Und war ein Verzicht eigentlich zumutbar? Hätte es der Heilige Stuhl widerspruchslos hinnehmen sollen, daß sich die politischen Machthaber der christlichen Welt in selbstherrlicher Komplizenschaft die (in seiner Sicht frevelhafte) Verfügung über die Kirchenämter und Kirchengüter anmaßten und sie als Schacherposten zum Aushandeln ihre politischen Machtpositionen quer durch Europa gebrauchten? Daß sie dies unter Bruch des althergebrachten kirchlichen Rechts mit schwerer Brüskierung des Hauptes der römisch-katholischen Christenheit auf ewige Zukunft als das neue Fundament des Abendlandes beschworen? Daß der Heilige Stuhl dafür die alte, seit der Christianisierung trotz aller Krisen nie prinzipiell infrage gestellte Überlieferung und Lehre von der göttlich gebotenen Verbindung der kirchlichen und weltlichen Gewalt und von der Schutzpflicht der Obrigkeit für die wahre Kirche und Lehre nun im Heiligen Römischen Reiche Deutscher Nation ohne Widerrede aufgeben sollte? Daß er durch sein „Schweigen angesichts des Unrechts" – gleichsam auch selbst als Komplize – die religiösen und die rechtlichen Bedenken gegen diesen langwierigen und komplizierten Vertrag zerstreuen sollte, der bis zuletzt im Wechsel des Schlachtenglücks diktiert war von der Kriegskunst der schwedischen Generäle, der Erfahrung und Geschicklichkeit der protestantischen Juristen, der gewitzten Zähigkeit der Diplomaten, dem misslichen Zwiespalt unter den katholischen Theologen, der Zerstrittenheit der Gegner des Kaisers, dem spanischen Staatsbankrott, den Epidemien und Missernten in den eigenen oder in den feindlichen Landen, dem Ausmaß der Bestechung („Realdankbarkeit") der maßgeblichen Potentaten, nachdem in Westfalen jahrelang nur im Winter „traktiert", im Sommer aber „taktiert" und „temporisiert" worden war, weil die jüngsten Meldungen aus dem Kriegstheater abgewartet wurden? Eine tausendjährige Idee fällt nicht so schnell in sich zusammen wie moderne Ideologien.

6. Weltherrschaftsanspruch des Papstes?

Wie aber steht es mit dem Griff nach der Weltherrschaft? Enthält die Nichtigkeitserklärung des Westfälischen Friedens durch das Breve Zelo domus Dei einen „untauglichen Versuch" dieser Art? –Der Blick auf die Tätigkeit des Nuntius während der Friedenstraktate in Münster mit den katholischen Mächten lässt erkennen, daß der Heilige Stuhl damals nicht entfernt daran dachte, ihre weltlichen Streitigkeiten seiner päpstlichen Entscheidung über Krieg und Frieden zu unterwerfen, sondern sich – juristisch und diplomatisch – beschränkte auf die bescheidene Rolle der „*Mediation*", d. h. auf die unparteiliche Friedensvermittlung durch einen außenstehenden Schlichter[25]. Die Mediatoren hatten nicht einmal die Stellung eines von den Parteien zur Streitentscheidung bestellten Schiedsrichters (arbiter), wie sie sich im frühen Völkerrecht des Alberico Gentili und Hugo Grotius herausgebildet hatte. Diese päpstliche Friedensvermittlung hatte in dem europäischen Staatensystem, das sich seit dem Spätmittelalter herausbildete, bis zum Spanischen Erbfolgekrieg eine bedeutsame Funktion, von der auch die Protestanten gelegentlich Gebrauch machten.

IV. Ausblick

1. Konfessionalisierung und Säkularisierung im dialektischen Zusammenspiel

Der Weg in die Moderne war noch lang und mühevoll für beide Konfessionen. Konfessionalisierung in Koexistenz musste erst gelernt werden.

Ein Kernproblem trat seit 1555 verstärkt auf: Der Westfälische Friede hatte sich allgemeiner und offener, d. h. *säkularer Rechtsformen* bedient, die beide Religionsparteien für ihre so unterschiedlichen religiösen Bedürfnisse benützen konnten. Konfessionalisierung und Säkularisierung standen dabei einerseits im Gegensatz, andererseits haben sie sie einander dialektisch ergänzt, ja bedingt. Die Historiographie wie die Dogmatik des Staatskirchenrechts irrt, wenn sie Säkularisierung und Konfessionalisierung als exklusive Alternative versteht. Schon seit 1555 verlor zwar das Religionsrecht des Reichs seine einseitige konfessionelle Bestimmtheit und wandelte sich zum konfessionell neutralen weltlichen Rahmen – aber es wurde nicht zur Neutralisierung und Verweltlichung des Religiösen selbst geschaffen, sondern *zum Schutz* der ungestörten und unverfälschten Religionsausübung beider Konfessionen: Das offene weltliche Gefäß umschloss und schützte den geistlichen Gehalt.

Das System benützte den *Föderalismus* zum Ausgleich im Staatskirchenrecht.

---

[25] Repgen, (Fn.3), S. 695 ff., 704 ff., 714. – Der Protest und diese Mediation gehören zusammen und sind in ihrer gegenseitigen Beschränkung zu sehen und zu werten: Der Nuntius Fabio Chigi und der Gesandte Venedigs Alvise Contarini sollten sich als Friedensvermittler des Kongresses jeder eigenen Stellungnahme peinlich enthalten und eine streng unparteiliche Vermittlungsfunktion ausüben. In seiner Instruktion erklärte der Papst, durch den Nuntius allen katholischen Streitparteien „als Vater aller" (padre commune) endlich zum wirklichen Frieden verhelfen zu wollen. Freilich hat sich der Heilige Stuhl damals nicht beteiligt an den Vertragsverhandlungen mit den Protestanten in den kaiserlich-schwedischen und den spanisch-niederländischen Traktaten zu Osnabrück, um nicht durch sein Paktieren mit der „Häresie" über katholische Kirchenrechtsverhältnisse theologisch und juristisch dubiose Anscheinstatbestände zu schaffen.

Die (partiell) verweltlichte Struktur auf der Ebene des Reichs diente zur unverfremdeten Erhaltung und Entfaltung des Bekenntnisses auf der Ebene ihrer konfessionell geschlossenen Territorialstaaten. Die Säkularisierung der Rechtsformen ist eben scharf von der Säkularisierung des Religiösen selbst zu unterscheiden! Letztere wurde erst nach der Aufklärung von diversen sinistren Ideologien zum Programm erhoben, welche die „konstantinische" Einheit von Staat und Religion einerseits durch ihre scharfen Trennungsparolen bekämpften, andererseits jedoch mit ihren eingewechselten immanenten Erlösungslehren fortsetzten. Hingegen standen die säkular relativierten Rechtsformen 1555 und 1648 als Instrument *im Dienst des Absoluten*: Ihre Relativierung machte es möglich, daß beide Religionsparteien gleichzeitig den Absolutheitsanspruch ihres Bekenntnisses zur Geltung bringen konnten, freilich nur jeweils in ihrem eigenen territorialen Schutzbereich, der durch den Religionsfrieden abgegrenzt und zugemessen wurde.

2. Freiheitsgarantie des religiösen Selbstverständnisses in säkularen Rahmenformen

Der Schutz des „religiösen Selbstverständnisses" ist vom Bundesverfassungsgericht seit dem „Lumpensammler-Beschluß" vom 16. 10. 1968 in ständiger Rechtsprechung als zentrales Prinzip entfaltet worden[26], ohne die vergessene Vorgeschichte im alten Reich zu kennen. Auch damals war der Schutz des religiösen Selbstverständnisses vor Ein- und Übergriffen durch die fremde Konfession seit 1555 das Kardinalproblem des Staatskirchenrechts – und ist es bis heute geblieben, wie die Auseinandersetzung um den staatlichen Unterricht in säkularisierender Religionskunde (LER) in Brandenburg und jüngst in Berlin zeigt, wo christliche Kinder durch atheistische Lehrer über ihre Religion aufgeklärt werden sollen. Bis 1648 wurde erbittert um die Unantastbarkeit des religiösen Selbstverständnisses gekämpft, wie die genannten Auseinandersetzungen um Reformationsrecht und Religionsfreiheit, Hochstifte und Kirchengut, Konzil, Calvinismus und katholische Majorisierung eindringlich zeigen.

So erlebte das Reichs-Religionsrecht zwar schon auf der Höhe des Konfessionellen Zeitalters einen enormen *theologischen Substanzverlust* durch seinen Rückzug auf paritätische *weltliche Rahmenformen*. Aber dieser wurde wettgemacht durch die Freiheit zur exklusiven *Ausfüllung* des Rahmeninhalts nach dem *religiösen Selbstverständnis* der jeweils geschützten Religionspartei. Dafür hat das IPO mit der *itio in partes* ein wohldurchdachtes rechtliches Instrumentarium geschaffen, das die Übergriffe in die theologische Selbstbestimmung der anderen Religionspartei ausschloss. Die Säkularisierung der äußeren Rechtsform sollte die geistlichen Belange vor religiöser Vergewaltigung und säkularisierender Verfälschung („Umfunktionierung") durch die konkurrierende Konfession und durch eine konfessionsfremde Staatsgewalt sichern. – Dieser Grundgedanke

---

[26] Seit BVerfGE 24, 236, 247 ff. Vgl. *Martin Heckel*, in: Festschrift 50 Jahre Bundesverfassungsgericht, Bd. 2, 2001, S. 379-420, 400 ff. – Zur Geschichte vgl. über die Abwehr von fremdkonfessionellen Übergriffen *Heckel*, (Fn.18), S. 184, 221 ff.; *ders.*, in: Festschrift für Knut Wolfgang Nörr, 2003, S. 349, 381 ff. 383 ff.; *ders*. in: Festgabe für Gottfried Seebaß, 2002, S. 115 ff.

hat das deutsche Staatskirchenrecht bis zur Gegenwart richtungweisend geprägt. Offene säkulare Normen dienen zum Schutz der in ihnen geborgenen geistlichen Substanz.

3. Deutschlands Sonderweg im Staatskirchenrecht – die Ausgleichsordnung

Der suspekte „Sonderweg" Deutschlands in der Geschichte ist hier zumindest licht auszumachen: Im Staatskirchenrecht des Reichs führte er nicht wie in Westeuropa in den monarchischen Absolutismus und nationalen Einheitsstaat, nicht in ein nationales Zwangskirchentum, sondern in die gefeierte "*teutsche Libertät*" und "*Parität*", die sich als eine Ausgleichsordnung reichsständischer und konfessioneller Freiheit und Gleichheit entwickelte und bewährte. Sie gründete sich nicht auf Herrschaft und Machtkonzentration, sondern auf Herrschaftsbeschränkung durch Selbstbestimmungsgarantien, Gewaltenteilungs- und Konsensbildungsformen. Der Dualismus zwischen dem Kaiser und den Reichsständen und andererseits zwischen den beiden Konfessionen wurde darin über Kreuz im Gleichgewicht gehalten. Auch das hat die Entwicklung des Absolutismus im Reich verhindert und erheblich zum deutschen Föderalismus beigetragen.

Im 19. Jahrhundert sprang dann das Paritätssystem konfessioneller Freiheit und Gleichheit vom Reich auf die Territorien über. Es galt fortan für den weiten Kreis der „Religionsgesellschaften" statt exklusiv für die beiden „Religionsparteien" des Alten Reichs, behielt aber seine für Deutschland charakteristische Funktion als Ausgleichsordnung. Es erlebte nur wenige tiefere Störungen wie im Kulturkampf und dann im Kirchenkampf mit den national- und internationalsozialistischen Ideologien, die das Staatskirchenrecht kurzfristig zum Herrschafts- und Unterdrückungsinstrument pervertierten, was jedoch bald durch die Rückkehr zu einer verbesserten Ausgleichsordnung überwunden wurde. Die weltlichen Verfassungen des 19. Jahrhunderts gewährleisteten durch eine (allgemeine und gleiche) weltliche Rahmenordnung die (unterschiedliche) religiöse Selbstbestimmung der Individuen und Religionsgesellschaften und die Abwehr von Übergriffen fremder Religionen und einer säkularisierenden Staatsgewalt. –

4. Die beschwerliche Akzeptanz offener staatskirchenrechtlicher Rahmenformen

Die Kurie musste sich in die neuen, offenen Rahmenbedingungen der neuen Zeit erst einleben; 1648 sah sie sich damit überfordert. Kirchliche Veränderungen erfordern Zeit und mit Rücksicht auf das Kirchenvolk geduldige Behutsamkeit, das lehrt nicht nur das Erste und das Zweite Vatikanum. Als Zwischenschritt war der Protest der katholischen Kirche kaum zu überschlagen, wenn sie ihre Glaubwürdigkeit nicht aufs Spiel setzen wollte. In der Zukunft freilich wurden die *doppelkonfessionell-offenen*, formalen Formen mehr und mehr bestimmend für alle Fragen des Staatskirchenrechts: für das ius reformandi, das Kirchengut, die Kirchenadvokatie und Kirchenaufsicht, die Staatskirchenhoheit, den Begriff der Religionsgesellschaft und insbesondere für die allgemeine Garantie der Religionsfreiheit und des Selbstbestimmungsrechts aller Religionsgemeinschaften einschließlich ihrer gesetzlichen Schranken und des Abbaus traditioneller Privilegien, wie hier nicht auszuspinnen ist; in allen Staatswesen mit konfessionell gemischter Bevölkerung war dies unvermeidlich. Ihre unbefangene Akzeptanz und Benützung fiel der evangelischen Seite im Konfessionellen Zeitalter leichter, weil ihre Lehre von den beiden Reichen und Regimenten und von der Beschränkung der geistlichen Gewalt auf die Verkündigung *(„sine vi, sed verbo")* davon nicht so weit entfernt und nicht so scharf geschieden war wie das viel stärker geschlossene katholische System.

Zwei Jahrhunderte später aber waren es vor allem die katholischen Abgeordneten der Paulskirche aus dem nun preußischen Rheinland, die – in strikter Ablehnung des traditionellen Staatskirchentums, der engen Staatkirchenaufsicht und des landesherrlichen Kirchenregiments, aber nicht minder scharf in ihrer Abwehr der revolutionären Trennungsidee – ein freiheitlich offenes Staatskirchenrecht konzipierten, dessen Grundlinien in der Weimarer Verfassung und im Grundgesetz ihre Verwirklichung fanden. – Aus diesen Grundprinzipien hat sich das freiheitliche Staatskirchenrecht der Gegenwart entwickelt, das heute mit der Immigration des Islam konfrontiert ist und sich unter analogen Herausforderungen wie im Konfessionellen Zeitalter neu zu bewähren hat, wenn es weltlichen Frieden, christlich geprägte Kulturtradition und religiöse Freiheit sichern muss und sich dafür einheitlicher und gleicher säkularer Rahmenstrukturen für das geistliche Selbstverständnis heterogener Glaubensrichtungen bedient.

Harm Klueting [27]

Der Augsburger Religionsfrieden und die katholische Reichskirche

I.

Vor 50 Jahren, 1955, richtete Papst Pius XII. ein Schreiben an den damaligen Bischof von Augsburg, Joseph Freundorfer. In diesem Brief aus Rom heißt es: „Die Stadt Augsburg gedenkt [...] eines [...] folgenschweren Ereignisses, das sich in ihren Mauern abgespielt hat: der am 25. September 1555 geschehenen Unterzeichnung des so genannten ‚Augsburger Religionsfriedens'. Er besiegelte die religiöse Spaltung Deutschlands. Das Gemeinwohl des Reiches wie der Kirche, für die es um Sein oder Nichtsein innerhalb der deutschen Grenzen ging, rechtfertigte die Unterschrift der katholischen Fürsten unter den Religionsvertrag. Man wird Uns aber nicht verdenken, wenn Wir im Bruch der religiösen Einheit Deutschlands und Europas das schwerste Verhängnis erblicken, welches das christliche Abendland und seine Kultur treffen konnte. Dürfen Wir in der Erinnerung an jenen Tag der Hoffnung Ausdruck verleihen, der Weg, den die Göttliche Vorsehung das Abendland weist, möge wieder mehr und mehr an die verlorene Einheit heranführen?" [28] – Die Reformation ein Verhängnis! Das Aufsehen und die Aufregung in evangelischen Kreisen war groß. [29] Man übersah dabei, daß der Papst hier den Augsburger Religionsfrieden nicht verdammte, sondern aus römischer Sicht ausdrücklich guthieß. [30] Wenn der Papst der Hoffnung auf die Wiederherstellung der verlorenen Einheit der Kirche Ausdruck gab, so mag man darin – nach einem heute vor allem im Protestantismus geläufigen, negativ konnotierten Begriff – „Rückkehrökumene" sehen. Tatsächlich stellte Pius XII. das Gedenken an den Augsburger Religionsfrieden unter denselben Horizont der Erwartung einer zukünftigen Reunion der Konfessionen, unter dem der Religionsfrieden von 1555 auch gestanden hatte und wodurch er überhaupt erst möglich wurde. Mit der Berufung auf das „Gemeinwohl des Reiches wie der Kirche" und der Erinnerung an eine Situation, in der es „um Sein oder Nichtsein" gegangen sei, rekurrierte der Papst auf das Notrechtsargument,

---

[27] Der während eines Aufenthalts am Institut Catholique de Paris im Sommer 2005 ausgearbeitete Vortrag, der am 22. September 2005 auf dem Symposion „Religionsfreiheit und Frieden. Vom Augsburger Religionsfrieden zum europäischen Verfassungsvertrag" in Berlin gehalten wurde, stand unter dem Titel „‚Soll die geistliche Jurisdiction wider der Augspurgischen Confession-Verwandten Religion ... biß zu endlicher Vergleichung der Religion nicht exercirt, gebraucht oder geübt werden': Der Augsburger Religionsfrieden und die katholische Reichskirche".

[28] Herder-Korrespondenz 9 (1954/55), S. 525.

[29] Axel Gotthard, Der Augsburger Religionsfrieden. (Reformationsgeschichtliche Studien und Texte, 148) Münster 2004, S. 643f.

[30] Das Verb „gutheißen" in diesem Zusammenhang bei Martin Heckel, Die Krise der Religionsverfassung des Reiches und die Anfänge des Dreißigjährigen Krieges, in: Konrad Repgen (Hrsg.), Krieg und Politik 1618-1648. Europäische Probleme und Perspektiven. (Schriften des Historischen Kollegs, Kolloquien 8) München 1988, S. 107-131, hier S. 123. Dasselbe wieder in: ders., Gesammelte Schriften. Staat – Kirche – Recht – Geschichte. 2 Bde. Hrsg. von Klaus Schlaich. (Jus ecclesiasticum, 38) Tübingen 1989, hier Bd. 2, S. 970-998. Zitiert wird hier nach dem Druck von 1988.

das Katholiken auch im 16. Jahrhundert zur Rechtfertigung der Unterschrift unter den Religionsfrieden bemühten. [31] Man habe in der Notlage der Situation nicht anders als unterschreiben können. Von beidem, von der Notrechtsthese und von dem Ziel der Reunion, wird in meinen Ausführungen die Rede sein.

II.

Nach mehreren gescheiterten Religionsgesprächen, [32] die theologisch zu keiner Einigung geführt hatten, nach dem Schmalkaldischen Krieg der Jahre 1546 und 1547, dem ersten Religionskrieg im Deutschland des Konfessionellen Zeitalters, und nach dem Fürstenkrieg von 1552 kam 1555 der Frieden zustande. Er war Teil der Beschlüsse des Augsburger Reichstags und des Reichsabschieds vom 25. September 1555 und heißt deshalb der „Augsburger Religionsfrieden".

Was wurde in Augsburg vereinbart? Das wichtigste war: die Ausdehnung des Landfriedens auf den religiösen Bereich, also des Ewigen Landfriedens von 1495, der einem Fehde- oder Kriegsverbot innerhalb des Reiches gleichkam. [33] Es durfte also um religiöse Fragen im Reich kein Krieg mehr geführt werden. Doch galt das nur für die katholischen Fürsten und für ihre lutherischen Standesgenossen, die, wie alle Lutheraner, in der Sprache der Zeit „Augsburgische Konfessionsverwandte" genannt wurden – nach dem Augsburger Bekenntnis, das seit 1530 die wichtigste Bekenntnisschrift der lutherischen Reformation bildete. Andere christliche Glaubensrichtungen wie die Täufer blieben von der Friedensgarantie ausgeschlossen. Dasselbe galt für die Reformierten, die aber 1555 im Reich außerhalb der Eidgenossenschaft noch keine große Rolle spielten. Erst seit dem Westfälischen Frieden von 1648 waren die Reformierten im Reich als „den der Augsburgischen Konfession zugetanen Ständen und Untertanen" zugehörig anerkannt und somit in die Friedensgarantie einbezogen [34] (IPO Art. VII § 1).

---

[31] Gotthard, Augsburger Religionsfrieden, S. 643; Heckel, Krise der Religionsverfassung, S. 123; ders., Die katholische Konfessionalisierung im Spiegel des Reichskirchenrechts, in: Wolfgang Reinhard / Heinz Schilling (Hrsg.), Die katholische Konfessionalisierung. (Schriften des Vereins für Reformationsgeschichte, 198 = Reformationsgeschichtliche Studien und Texte, 135) Gütersloh/Münster 1995, S. 184-227, hier S. 202. Siehe auch Konrad Repgen, Die römische Kurie und der Westfälische Friede. Idee und Wirklichkeit des Papsttums im 16. und 17. Jahrhundert. (Bibliothek des Deutschen Historischen Instituts in Rom, 24) 2 Bde. Tübingen 1962-65, hier Bd. 1, S. 69.

[32] Hagenau 1540, Worms 1540/41, Regensburg 1541.

[33] Elmar Wadle, Landfrieden, Strafe, Recht. Zwölf Studien zum Mittelalter. (Schriften zur Europäischen Rechts- und Verfassungsgeschichte, 37) Berlin 2001.

[34] Zum Augsburger Religionsfrieden außer Gotthard, Augsburger Religionsfrieden, noch immer in erster Linie die Arbeiten von Martin Heckel: ders., Autonomia und Pacis Compositio. Der Augsburger Religionsfriede in der Deutung der Gegenreformation, in: Zeitschrift der Savigny-Stiftung für Rechtsgeschichte. Kanonistische Abteilung 75 (1959), S. 141-248, wieder in: ders., Gesammelte Schriften, Bd. 1, S. 1-82; ders., Art. Augsburger Religionsfriede, in: Evangelisches Staatslexikon, Bd. 1, 3. Aufl. 1987, Sp. 111-117; ders., Deutschland im konfessionellen Zeitalter. (Kleine Vandenhoeck-Reihe, 1490) Göttingen 1983, S. 33-66; ders., Krise der Religionsverfassung; ders., Katholische Konfessionalisierung; ders., Konfessionalisierung in Koexistenznöten. Zum Augsburger Religionsfrieden,

Wie den katholischen, so wurde 1555 auch den lutherischen Fürsten ihr – evangelisches – Kirchenwesen garantiert. Sie durften wegen ihrer Religion nicht benachteiligt werden. Tatsächlich gab der Religionsfrieden den Fürsten – nur ihnen, nicht jedem Bürger oder Bauern – das Recht, von der Alten Kirche zur Augsburgischen Konfession oder von der Augsburgischen Konfession zum Katholizismus überzutreten, ohne deshalb politisch oder rechtlich in Schwierigkeiten zu geraten. Im Falle ihres Übertritts zu der jeweils anderen der beiden im Religionsfrieden zugelassenen Konfessionen konnten sie diesen Übertritt auch für die Bewohner des von ihnen regierten Territoriums, für ihre „Untertanen", verbindlich machen. Man nannte das später das „ius reformandi" – Reformationsrecht –, wofür der Greifswalder Jurist Joachim Stephani 1576 und die Formel „cuius regio eius religio" – „wes das Land, des der Glaube" fand.

Verstärkt wurde das Reformationsrecht der lutherischen Fürsten, indem der Religionsfrieden die geistliche Gerichtsbarkeit der Bischöfe in den Territorien lutherischer Fürsten und in lutherischen Reichsstädten suspendierte. [35] Eingeschränkt wurde das Reformationsrecht, weil neben das „ius reformandi" der Fürsten das „ius emigrandi" der Untertanen trat, das Recht zur Auswanderung und damit – zumindest auf dem Papier [36] – die Möglichkeit, sich dem Religionszwang zu entziehen. Gemessen am mittelalterlichen Ketzerrecht, wie es noch dem Wormser Edikt gegen Luther von 1521 zugrunde lag, war das etwas Neues, auch wenn es von Religionsfreiheit im modernen Sinne oder auch nur von Toleranz im Sinne der Toleranzedikte der Aufklärungszeit des 18. Jahrhunderts [37] noch weit entfernt war. [38] Das „ius reformandi" galt auch nicht für alle Reichsstände. Die geistlichen Fürsten, die Erzbischöfe und Bischöfe als Landesherren, waren davon ausgenommen. Nach dem „Reservatum Ecclesiasticum" – dem „Geistlichen Vorbehalt" – des Religionsfriedens sollte ein Bischof, der zum Lu-

---

Dreißigjährigen Krieg und Westfälischen Frieden in neuer Sicht [Rezensionsartikel zu Konrad Repgen, Dreißigjähriger Krieg und Westfälischer Friede], in: Historische Zeitschrift 280 (2005), S. 647-690; ders., Der Augsburger Religionsfriede. Sein Sinnwandel vom provisorischen Notstands-Instrument zum sakrosankten Reichsfundamentalgesetz religiöser Freiheit und Gleichheit, in: Juristen-Zeitung 60 (2005), S. 961-970. Siehe auch Harm Klueting, Das Konfessionelle Zeitalter 1525-1648. (UTB 1556) Stuttgart 1989, S. 137-145.

[35] Mit den Worten, die als Überschrift über dem Vortrag standen, aus dem dieser Beitrag hervorgegangen ist. Siehe oben Anm. 27.

[36] Gotthard, Augsburger Religionsfrieden, S. 119 sieht im „ius emigrandi" weniger das Recht andersgläubiger Untertanen auf Auswanderung als das Recht der Fürsten auf deren Ausweisung.

[37] Zu Toleranz und Religionsfreiheit statt der reichen älteren Literatur aktuell Horst Lademacher / Renate Loos / Simon Groenveld (Hrsg.), Ablehnung – Duldung – Anerkennung. Toleranz in den Niederlanden und in Deutschland. Ein historischer und aktueller Vergleich. (Studien zur Geschichte und Kultur Nordwesteuropas, 9) Münster 2004, darin u.a. Harm Klueting, „Lasset beides miteinander wachsen bis zur Ernte": Toleranz im Horizont des Unkrautgleichnisses (Mt 13,24-30). Martin Luther und Erasmus von Rotterdam als Beispiel (S. 56-67).

[38] Georg May, Zum „ius emigrandi" am Beginn des konfessionellen Zeitalters, in: Archiv für katholisches Kirchenrecht 155 (1986), S. 92-125.

thertum übertrat — solche Fälle hatte es vor 1555 gegeben [39] und gab es nach 1555 wieder [40] — sein Amt verlieren.

Der Augsburger Religionsfrieden führte weder auf Dauer zur Befriedung der religiös motivierten Auseinandersetzung noch brachte er das Ende der theologischen Kontroversen zwischen dem durch das Konzil von Trient erneuerten Katholizismus und den reformatorischen Glaubensformen oder wenigstens ihrer lutherischen Variante — aber das sollte er auch gar nicht. Von dem Juristen Martin Heckel haben wir Historiker und Theologen schon vor Jahren gelernt, daß der Augsburger Religionsfrieden die Frage der religiösen Wahrheit, die Frage des rechten Glaubens, „in der Schwebe" (M. Heckel) hielt und dadurch — nur dadurch! — die Koexistenz der beiden großen Konfessionen im Reich ermöglichte. Er war ein politisch-säkularer Frieden.

Wer aber waren die Gewinner? Wer musste mehr nachgeben? — Ich antworte: alle waren Gewinner, weil diese über dem Absolutheitsanspruch der Konfessionen errichtete *pax politica* — wie Heckel in einem Aufsatz von 2005 schreibt — „Instrument des Absoluten" [41] war und es nicht nur Lutheranern, sondern auch Katholiken ermöglichte, ihren Absolutheitsanspruch uneingeschränkt aufrechtzuerhalten, „wenn auch nur jeweils in ihrem eigenen, durch den Religionsfrieden abgezirkelten territorialen Schutzbereich". [42] Aber das ist nicht die ganze Antwort, weil die lutherische Seite in höherem Maße Gewinner war als die katholische. Weil das Ketzerrecht in der politisch-säkularen Friedensordnung von Augsburg keinen Platz mehr hatte, befreite der Religionsfrieden die lutherischen Fürsten von der immer drohenden Gefahr der Reichsexekution, unter der sie seit dem Wormser Edikt von 1521 standen. Erst damit war der Aufbau des evangelischen territorialen Landeskirchentums und damit der Vorläufer der heutigen evangelischen Landeskirchen unbeeinträchtigt möglich.

Diesem Gewinn der Lutheraner standen schwerwiegende Verluste der Katholiken gegenüber. Die reichsrechtliche Garantie der — so der zeitgenössische Ausdruck — „lutherischen Häresie" bedeutete für die katholische Seite die reichsrechtliche Sanktionierung des Verlustes ihres Absolutheitsanspruchs. [43] Das Kanonische Recht, von Luther einst vor dem Elstertor zu Wittenberg in mehreren Ausgaben ins Feuer geworfen, [44] wurde schwer verletzt; schon die Ladung des päpstlich gebannten Luther auf den Reichstag nach Worms und die Zugeständnisse des Reichstags von 1526 an die reformatorischen Fürsten hatten dem Kanonischen Recht widersprochen, das doch in wesentlichen Teilen als „ius divi-

---

[39] Vor allem Hermann von Wied als Erzbischof von Köln und Administrator von Paderborn und Franz von Waldeck als Bischof von Minden, Münster und Osnabrück.
[40] Gebhard Truchseß von Waldburg als Erzbischof von Köln.
[41] Heckel, Konfessionalisierung in Koexistenznöten, S. 668.
[42] Ebd.
[43] Heckel, Katholische Konfessionalisierung, S. 194; ders., Art. Augsburger Religionsfriede, Sp. 117.
[44] Martin Brecht, Martin Luther. Bd. 1: Sein Weg zur Reformation 1483-1521. Stuttgart 1981, S. 404.

num" galt, ebenso die die Protestanten begünstigenden Vereinbarungen des Nürnberger Anstands von 1532 und des Frankfurter Anstands von 1539, der Beschluss des Speyerer Reichstags bezüglich des Kirchengutes von 1544 und der Passauer Vertrag von 1552. [45] Der Religionsfrieden selbst verletzte das Kirchenrecht, weil Reich und Reichstag nach dem Kirchenrecht nicht die geringste Kompetenz für die darin getroffenen Regelungen besaßen. [46] Die Katholiken mussten in Augsburg auf das nicht reichsunmittelbare Kirchengut – Klöster, Stifte usw. – verzichten, das die lutherischen Fürsten bis „zu Zeit des Passauischen Vertrags oder seithero" [47] eingezogen hatten. [48] Auch das erwähnte Reservatum Ecclesiasticum, das eigentlich die katholische Seite begünstigte, widersprach dem Kanonischen Recht, weil ein zur Augsburgischen Konfession übertretender Bischof zwar seine Ämter verlieren, seine persönliche Ehre aber behalten, also auch kirchlichen Strafen nicht unterliegen sollte. [49] Schließlich musste die Suspension der Geistlichen Jurisdiktion – wenn auch nur bezüglich der Evangelischen – die kirchliche Hierarchie beeinträchtigen und die Diözesanordnung gefährden.

Den Religionsfrieden schlossen König Ferdinand I., der Bruder Kaiser Karls V., und die lutherischen sowie die katholischen Fürsten des Reiches, auch die geistlichen. Mit nur einer Ausnahme stimmten auch die Erzbischöfe und die Bischöfe dem Frieden zu, der den Katholiken diese Verluste brachte. Die Ausnahme war der Bischof von Augsburg, Kardinal Otto Graf Truchseß von Waldburg. [50] Im Auftrag des Kardinals legte dessen Kanzler Dr. Konrad Braun am 23. März 1555 in Augsburg förmlichen Protest gegen den Religionsfrieden ein. [51] Der Ju-

---

[45] Konrad Repgen, Reich und Konzil (1521-1566), in: ders., Dreißigjähriger Krieg und Westfälischer Friede. Studien und Quellen. Hrsg. von Franz Bosbach u. Christoph Kampmann. (Rechts- und Staatswissenschaftliche Veröffentlichungen der Görres-Gesellschaft, NF 81) Paderborn 1998, S. 260-288, hier S. 261; Heckel, Katholische Konfessionalisierung, S. 189, 194.

[46] Repgen, Reich und Konzil, S. 277.

[47] Augsburger Religionsfrieden § 19, Druck: Karl Zeumer (Bearb.), Quellensammlung zur Geschichte der Deutschen Reichsverfassung in Mittelalter und Neuzeit, Tübingen 2. Aufl. 1913, Nr. 189, S. 345).

[48] Heckel, Katholische Konfessionalisierung, S. 194. Zum Kirchengut – mit abweichenden Positionen – ders., Das Problem der „Säkularisation" in der Reformation, in: Irene Crusius (Hrsg.), Zur Säkularisation geistlicher Institutionen im 16. und im 18./19. Jahrhundert. (Veröffentlichungen des Max-Planck-Instituts für Geschichte, 124) Göttingen 1996, S. 31-56 und Harm Klueting, Enteignung oder Umwidmung? Zum Problem der Säkularisation im 16. Jahrhundert, ebd., S. 57-83.

[49] Augsburger Religionsfrieden § 18 (Zeumer, S. 345). Siehe auch Heckel, Katholische Konfessionalisierung, S. 194.

[50] Peter Rummel, Art. Otto Truchseß von Waldburg, in: Erwin Gatz (Hrsg.), Die Bischöfe des Heiligen Römischen Reiches 1448 bis 1648, Berlin 1996, S. 707-710. Zum Truchseß-Protest von 1555 Gotthard, Augsburger Religionsfrieden, S. 79, 115, 277; Repgen, Römische Kurie, Bd. 1, S. 74.

[51] Remigius Bäumer, Konrad Braun und der Augsburger Religionsfriede, in: Fides et ius. Festschrift für Georg May zum 65. Geburtstag. Regensburg 1991, S. 283-301; Maria Barbara Rößner, Konrad Braun (ca. 1495-1563) – ein katholischer Jurist, Politiker, Kontro-

rist Braun, in dem wir den Verfasser der Protestation sehen dürfen, [52] hatte in einem Werk [53] aus dem Jahre 1549 die Ansicht vertreten, daß Verträge, die Häretikern Frieden und Sicherheit versprechen, von vornherein ungültig seien. [54] Das war die *Nichtigkeitsthese.* Bei den Reichstagsverhandlungen von 1555 war Braun etwas verbindlicher: der Frieden könne nur bis zur Entscheidung durch ein allgemeines Konzil Geltung haben. [55] Das war das Argument der nur interimistischen Geltung des Religionsfriedens. In der Protestation war dann die Rede von der Untauglichkeit der vorgesehenen Regelungen zur Lösung der Probleme und von der Weigerung des Bischofs von Augsburg, in Sachen der Lehre oder der Jurisdiktion irgendetwas zu bewilligen. [56] Im Laufe der Verhandlungen polemisierte Braun vor allem gegen die reichsrechtliche Anerkennung der Augsburgischen Konfession, gegen die geplante Regelung hinsichtlich des Kirchengutes und gegen die Suspension der Geistlichen Jurisdiktion.

Mit der Nichtigkeitsthese arbeitete auch die wichtige Denkschrift des Kardinals Giovanni Morone, [57] der im Frühjahr 1555 als päpstlicher Legat einige Tage am Verhandlungsort in Augsburg weilte. [58] Was Laien als Kirchenrecht festsetzen, ist ungültig. [59] Morone stellte außerdem die Kollision des Religionsfriedens mit dem Kirchenrecht heraus, vor allem die Regelung religionsrechtlicher Fragen durch den Reichstag als politische Instanz statt durch den Papst, die Duldung der Augsburgischen Konfession statt deren Unterdrückung, die Garantie der persönlichen Ehre übergetretener Bischöfe statt deren Bestrafung, die Suspension der Geistlichen Jurisdiktion statt deren Aufrechterhaltung und die Sanktionierung des Verlustes des Kirchengutes statt dessen Restitution. [60]

Man hat oft darüber gerätselt und ist noch immer zu keinem abschließenden Ergebnis gekommen, warum ein Protest des Papstes 1555 ausblieb – immerhin ein Jahr mit zwei Konklaven, in dem auf Julius III. der drei Wochen nach der Wahl gestorbene Marcellus II. und auf diesen Paul IV. folgte. [61] „Kanonistisch betrachtet", so schrieb Konrad Repgen 1962, „hob der Religionsfriede eine ganze

---

verstheologe und Kirchenreformer im konfessionellen Zeitalter. (Reformationsgeschichtliche Studien und Texte, 129) Münster 1991.
[52] Ebd., S. 285.
[53] „Über die Häretiker" (1549).
[54] Bäumer, Konrad Braun, S. 291.
[55] Ebd., S. 292. Text des Protestes bei Repgen, Römische Kurie, Bd. 1, S. 74.
[56] Bäumer, Konrad Braun, S. 292.
[57] Text: Repgen, Römische Kurie, Bd. 2, Nr. 1 (1a u. 1b) (S. 1-3).
[58] Helmut Goetz, Die Vertreter der Kurie am Augsburger Reichstag 1555, in: Festgabe Konrad von Muralt zum 70. Geburtstag. Zürich 1970, S. 197-208, bes. S. 198f.
[59] Repgen, Römische Kurie, Bd. 2, S. 3 (Punkt 6). Siehe auch ders., Reich und Konzil, S. 279.
[60] Ebd., ders., Römische Kurie, Bd. 1, S. 84.
[61] Ebd., Bd. 1, S. 73f., 75-79, 8284f.; ders., Reich und Konzil, S. 262, 278f., 281; Heckel, Konfessionalisierung in Koexistenznöten, S. 678; Gotthard, Augsburger Religionsfrieden, S. 69, 71.

Welt aus den Angeln", [62] aber in Rom scheint man die Tragweite, trotz Morones Gutachten, gar nicht gesehen zu haben.[63] So kam das päpstliche Schweigen einer Tolerierung [64] der Vorgänge in Deutschland gleich. Immerhin stand am Ende von Morones Denkschrift der Satz: „Nisi summus pontifex pro bono pacis et sub spe maioris lucri vellet tolerare in aliquibus" [65] – ‚Wenn der Papst für einen guten Frieden in der Hoffnung auf größeren Gewinn nicht manches toleriert'. Das war in anderer Gestalt der scholastische Satz, wonach das geringere Übel hinnehmbar ist, wenn dadurch größeres Übel verhindert wird.

Erst 1650 erfolgte mit dem Breve „Zelo Domus Dei" Innozenz X. [66] gegen den Westfälischen Frieden [67] eine formelle Verurteilung aus Rom. [68]

Die Nichtigkeitsthese Konrad Brauns, des Bischofs Otto von Augsburg und des Kardinals Morone wurde von den katholischen Reichsständen nicht übernommen, sondern ausdrücklich zurückgewiesen. Auch die geistlichen Reichsfürsten hielten an der grundsätzlichen Gültigkeit des Religionsfriedens fest.

Der Religionsfrieden räumte der katholischen Seite ja auch Vorteile ein, die vielleicht im Sinne der Hoffnung auf größeren Gewinn im Morone-Gutachten aufzufassen sind. Auch den Katholiken brachte der Religionsfrieden eine Stabilisierung der politischen Ordnung im Reich, die angesichts der faktisch längst eingetretenen Bikonfessionalität vor der Alternative Krieg oder Frieden stand. Die Ausdehnung des Landfriedens auf den religiösen Bereich kam auch den Katholiken zugute, ebenso die status quo-Garantie des Besitzes am Kirchengut und das „ius emigrandi". Die Geistliche Jurisdiktion der Bischöfe wurde auch bezüglich der Evangelischen nach dem Wortlaut des Friedensvertrages nicht vollständig beseitigt. [69] Noch wichtiger war das Reservatum Ecclesiasticum, das – von den Evangelischen nicht anerkannt und später bekämpft – als Bestandsschutz der katholischen Reichskirche dienen sollte und später auch diente, [70] auch wenn

---

[62] Repgen, Römische Kurie, Bd. 1, S. 84.
[63] Heckel, Konfessionalisierung in Koexistenznöten, S. 678.
[64] Repgen, Reich und Konzil, S. 262.
[65] Repgen, Römische Kurie, Bd. 2, S. 3.
[66] Martin Heckel, „Zelo domus Dei"? Fragen zum Protest des Heiligen Stuhls gegen den Westfälischen Frieden, in: Bernd-Rüdiger Kern / Elmar Wadle / Klaus-Peter Schroeder / Christian Katzenmeier (Hrsg.), Humaniora. Medizin – Recht – Geschichte. Festschrift Adolf Laufs zum 70. Geburtstag, Heidelberg 2006, S. 93-121. Ich danke Herrn Prof. em. Dr. iur. Dr. theol. h. c. Martin Heckel für die frühzeitige Überlassung des Textes dieses Beitrags.
[67] Konrad Repgen, Die Proteste Chigis und der päpstliche Protest gegen den Westfälischen Frieden (1648/50). Vier Kapitel über das Breve „Zelo Dominus Dei", in: Festschrift zum 65. Geburtstag von Paul Mikat. Berlin 1989, S. 623-647, wieder in: ders., Dreißigjähriger Krieg, S. 539-561.
[68] Repgen, Reich und Konzil, S. 262; Heckel, Konfessionalisierung in Koexistenznöten, S. 673-679, 683.
[69] Heckel, Katholische Konfessionalisierung, S. 191.
[70] Repgen, Reich und Konzil, S. 282; Konrad Repgen, Der Bischof zwischen Reformation, katholischer Reform und Konfessionsbildung (1515-1650), in: ders., Dreßigjähriger Krieg, S. 183-259, hier S. 196.

der Verbleib des Erzbistums Köln bei der Alten Kirche nach dem Übertritt des Erzbischofs Gebhard Truchseß von Waldburg von 1582 [71] letztlich nur durch die Waffenerfolge der Truppen des Herzogs von Bayern im Kölnischen Krieg entschieden wurde.

Es ist das Verdienst des Historikers Axel Gotthard, des Verfassers der neuesten Gesamtdarstellung des Augsburger Religionsfriedens, die konfessionsübergreifende politische Motivation der Fürstengeneration von 1555 deutlich herausgearbeitet zu haben. [72] Einer Generation, die den Zweiten Weltkrieg erlebt hat oder – wie ich – zumindest als Kind noch die Ruinen schwer bombardierter Städte wie Köln, Siegen oder Dortmund gesehen hat, mag das als Kleinigkeit erscheinen. Aber dem ist nicht so. Die in Augsburg versammelten weltlichen und geistlichen Fürsten und Fürstenberater hatten die Erfahrung des Schmalkadischen Krieges und zuletzt noch die des Markgrafenkrieges, der 1552 ganz Franken verwüstete, gemacht. [73] So gab es eine verbreitete „Friedenssehnsucht" (A. Gotthard) auch der meisten geistlichen Fürsten, die dem Gedanken zugrunde lag, „den Religions- auf dem Landfrieden aufzubauen und also die Wahrheitsfrage auszuklammern" [74] und um des Friedens willen Verluste in Kauf zu nehmen. So ließ der Erzbischof von Trier, Johann von Isenburg, wissen, er „were zu allem frieden geneigt und obwol dise furgelauffenen dinge solche sachen weren, die S[eine] Ch[urfürstliche] G[naden] ganz schwer zu verantworten, so wolten doch S[eine] Ch[urfürstliche] G[naden] des reichs nutz, wolfart und gemeinen friden bedenken" [75] und zustimmen.

Besonders galt das für den ersten der Erzbischöfe des Reiches, den Kurfürsten und Erzbischof von Mainz, Sebastian von Heusenstamm. [76] Erzbischof Sebastian war, erfüllt von Zweifeln wegen der Erreichbarkeit einer Religionsvereinigung, schon im April 1554 zu einem „bedingungslosen Religionsfrieden" bereit, wie er anderthalb Jahre später in Augsburg Wirklichkeit wurde. [77] In der Instruktion vom 11. März 1555 für seinen Vertreter am Reichstag, an dem der am 18. März 1555 gestorbene Kirchenfürst aus Krankheitsgründen nicht teilnehmen konnte, gab er neben seinem unbedingten Willen zum Friedensschluss seiner Bereitschaft zum Verzicht auf die Restitution des Kirchengutes und zum Ver-

---

[71] Harm Klueting, Freistellung der Religion. Zwischen Reservatum Ecclesiasticum und Religionsfreiheit – Gebhard Truchseß von Waldburg (1547-1601) in anderer Sicht, in: Heiner Faulenbach (Hrsg.), Standfester Glaube. Festschrift für Johann Friedrich Gerhard Goeters. (Schriften des Vereins für Rheinische Kirchengeschichte, 100) Köln 1991, S. 95-128.
[72] Gotthard, Augsburger Religionsfrieden.
[73] Ebd., S. 195.
[74] Ebd., S. 198.
[75] Zitat bei Repgen, Römische Kurie, Bd. 1, S. 74.
[76] Friedhelm Jürgensmeier, Art. Sebastian von Heusenstamm, in: Gatz, Bischöfe 1448-1648, S. 291f.; Rolf Decot, Religionsfrieden und Kirchenreform. Der Mainzer Kurfürst und Erzbischof Sebastian von Heusenstamm 1545-1555. (Veröffentlichungen des Instituts für Europäische Geschichte Mainz, 100) Wiesbaden 1980, S. 231-253.
[77] Ebd., S. 240.

zicht auf die faktisch ohnehin verlorene Geistliche Jurisdiktion Ausdruck.[78] „Der Religionsfrieden, der Sebastian vorschwebte, war ein politischer Frieden und musste infolgedessen zwischen den [Reichs-]Ständen [und ohne Beteiligung des Papstes] geschlossen werden".[79] Mit seiner Instruktion vom 11. März hatte Sebastian „einen wesentlichen Anteil"[80] an der grundsätzlichen Entscheidung zum politischen Frieden, die mit dem Friedensvertragsentwurf der Kurfürsten vom 21. März fiel und die Grundlage der endgültigen Fassung des Religionsfriedens vom 25. September 1555 bildete.[81] Rolf Decot resümiert: Erzbischof Sebastian „ebnete auf seiten der katholischen Reichsfürsten den Weg zum späteren Religionsfrieden. Mit dieser Haltung gab er weder das Ziel der Religionseinigung auf, noch zeigte er Neigungen zu einem dogmatischen Kompromiss".[82]

Die Zustimmung zu einem politischen Frieden in Fragen der Religion, die das Kanonische Recht ignorierte, und der Verzicht auf Kirchengutrestitution und Geistliche Jurisdiktion bedurften der Rechtfertigung, für die Friedenssehnsucht alleine nicht ausreichte.

Das wichtigste Rechtfertigungsargument war die schon erwähnte *Notrechtsthese*. Nur der Not gehorchend habe man zugestimmt.[83] Diese Notrechtsargumentation wurde, wie Martin Heckel gezeigt hat, zum Zentralgedanken des katholischen Verständnisses des Religionsfriedens,[84] während es auf evangelischer Seite keine Rolle spielte. Neben die Notrechtsthese trat die *Interimsthese*,[85] war die Geltung des Religionsfriedens doch nach seinem Wortlaut zeitlich befristet „bis zu endlicher Vergleichung der Religion und Glaubenssachen".[86] Die Interimsthese folgte aus der Reunionshoffnung, ja der Verpflichtung, „eine Vergleichung der Religion und Glaubenssache"[87] zu suchen und somit aus dem Wiedervereinigungsgebot, das beiden Konfessionen als Legitimationsargument – auch die Evangelischen hatten ja Verzicht zu leisten, indem sie den Konfessionsstand der katholischen Territorien achten und das Reservatum Ecclesiasticum hinnehmen mussten – diente.[88] Auch der Charakter des Religionsfriedens als bloße *pax politica* konnte zur Rechtfertigung dienen. Man habe ja „nur" einen politischen Frieden geschlossen und damit die lutherische Häresie keineswegs theologisch rehabilitiert.[89]

---

[78] Ebd., S. 246f.
[79] Ebd., S. 248.
[80] Ebd., S. 249.
[81] Ebd., S. 249, 251.
[82] Ebd., S. 252.
[83] Heckel, Katholische Konfessionalisierung, S. 190, 192, 202-204, 207f.; ders., Krise der Religionsverfassung, S. 122f., 124-126.
[84] Heckel, Katholische Konfessionalisierung, S. 202-207.
[85] Ebd., S. 209-211.
[86] Augsburger Religionsfrieden, § 25 (Zeumer, S. 347).
[87] Augsburger Religionsfrieden, § 25 (Zeumer, S. 346).
[88] Heckel, Krise der Religionsverfassung, S. 115; ders., Katholische Konfessionalisierung, S. 209; Repgen, Reich und Konzil, S. 277.
[89] Heckel, Katholische Konfessionalisierung, S. 197.

Damit wiederum verband sich das *Suspensionsargument*. Eine ‚suspensio' ist eine – zumeist als vorübergehend gedachte – Aufhebung im Sinne einer Hemmung, einer Unterbrechung oder des Ruhens eines fortbestehenden Rechtes, wie die „suspensio a divinis" einem katholischen Kleriker die Ausübung der Weihegewalt verbieten kann, während die durch die Priesterweihe vermittelte Weihegewalt als solche fortbesteht [90] (CIC 1983 Can. 1333 § 1). War aber das, worauf man verzichtet hat, nur suspendiert, so bestand das grundsätzliche Recht darauf doch fort. [91]

III.

Der wichtigste Fall der Suspension war nun im Augsburger Religionsfrieden die Geistliche Jurisdiktion, [92] wobei der Rechtsbegriff ‚suspensio' im deutschen Text tatsächlich gebraucht wird. Es heißt dort: „[...] so soll die geistliche Jurisdiction [...] wider der Augspurgischen Confessions-Verwanten Religion, Glauben, Bestellung der Ministerien [= Pfarrer und Kirchenbehörden], Kirchengebräuchen, Ordnungen und Ceremonien, so sie uffgericht oder uffrichten möchten, biß zu endlicher Vergleichung der Religion [= das Wiedervereinigungsgebot] nicht exercirt, gebraucht oder geübt werden, sondern derselbigen Religion, Glauben, Kirchengebräuchen, Ordnungen, Ceremonien und Bestellung der Ministerien [...] ihren Gang lassen, und kein Hindernus oder Eintrag dardurch beschehen, und also hierauf [...] biß zu endlicher Christlicher Vergleichung der Religion die geistliche Jurisdiction ruhen, eingestellt und *suspendirt* seyn und bleiben". [93] Es ging also um die bischöfliche Gewalt gegenüber dem Kirchenwesen der Lutheraner in lutherischen Territorien, die innerhalb des Diözesangebiets lagen. Hier hatte sich der katholische Bischof nicht (mehr) einzumischen. Doch waren die bischöflichen Rechte nicht aufgehoben, sondern eben nur suspendiert. Sie ruhten. Überdies wurde die Geistliche Jurisdiktion der Bischöfe gegenüber den Evangelischen durch den Religionsfrieden nicht vollständig suspendiert. Sie ruhte nur in Kirchensachen. „In andern Sachen und Fällen" der Augsburgischen Konfessionsverwandten „soll und mag die geistliche Jurisdiction durch die Ertzbischoff, Bischoff und andere Prälaten [...] wie bißher unverhindert exercirt, geübt und gebraucht werden". [94]

Der Auslegungsstreit über die Reichweite der Suspension der Geistlichen Jurisdiktion war unvermeidlich. In der Sicht der Evangelischen war die Suspension keineswegs auf Bekenntnis und Kirchenorganisation beschränkt und bewirkte das Erlöschen aller Rechte der katholischen Hierarchie ihnen gegenüber – und damit die völlige Freigabe des Aufbaus des evangelischen Landeskirchentums. In katholischen Augen hingegen galten Kanonisches Recht und bischöfliche Zuständigkeit auch gegenüber den Evangelischen fort, waren aber als Notstands-

---

[90] Albert Sleumer, Kirchenlateinisches Wörterbuch, Limburg 1926, S. 761.
[91] Heckel, Katholische Konfessionalisierung, S. 198-201.
[92] Gotthard, Augsburger Religionsfrieden, passim; Repgen, Reich und Konzil, S. 276.
[93] Augsburger Religionsfrieden, § 20 (Zeumer, S. 345f.).
[94] Augsburger Religionsfrieden, § 20 (Zeumer, S. 346).

recht begrenzt suspendiert, also nicht aufgehoben, sondern nur ruhend. [95] Die größten Gegensätze mussten sich beim Eherecht ergeben, außerhalb der Belange von Klerus und Kirchenorganisation der wichtigste Gegenstand der Geistlichen Jurisdiktion. Lag das Eherecht der Evangelischen − von den, konfessionell ja unterschiedlich beurteilten, Ehehindernissen über aufgekündigte Verlöbnisse und Ehescheidungen bis hin zu Erbrechts- und Testamentsfragen − weiterhin in der Kompetenz der Geistlichen Jurisdiktion der aufgrund der Diözesangrenzen [96] örtlich zuständigen katholischen Bischöfe? Oder unterlag auch das Eherecht der Evangelischen der Suspension der Geistlichen Jurisdiktion? Und wie war es bei konfessionellen Mischehen? Da die reformatorischen Kirchen den sakramentalen Charakter der Ehe nicht wie die katholische kannten − die Ehe als zwar gottgewollt, aber doch als „res politica" bei Luther [97] −, gehörten Eherechtsfragen der Augsburgischen Konfessionsverwandten eigentlich zu den „anderen Sachen und Fällen", für die der Religionsfriedens ausdrücklich keine Suspension der Geistlichen Jurisdiktion ausgesprochen hatte. [98] Hier konnte vor allem in überschaubaren Gemeinwesen sehr schnell sehr viel Konfliktstoff entstehen. Bernhard Ruthmann hat das für die Reichsstadt Dortmund gezeigt. [99] Zumeist siegten die evangelische Auffassung und die Kraft der Fakten, die durch die Einrichtung der lutherischen Konsistorien als Behörden für Kirchensachen geschaffen wurden, die die Ehesachen an sich zogen. [100]

Wichtiger war etwas anderes: die Suspension der Geistlichen Jurisdiktion der Bischöfe über die Augsburgischen Konfessionsverwandten ermöglichte endgültig den Aufbau der evangelischen Landeskirchen − allerdings mit der unvermeidlichen und im Gang der Reformation bereits angelegten Verstaatlichung und territorialen Aufsplitterung des reformatorischen Kirchenwesens. Dazu Bernhard Ruthmann: „Obgleich beide Strukturen, die neue evangelische Kirchenverfassung und die alte Diözesanverfassung sich ‚eigentümlich überlagerten', [101] musste doch der Ausbau des evangelischen Landeskirchentums die Zurückdrängung der überkommenen Kirchenhierarchie notwendig bedingen". [102]

IV.

Die Suspension der Geistlichen Jurisdiktion war 1555 nichts völlig Neues. Ich denke an den Zürcher Richtebrief von 1304 und an den eidgenössischen Pfaffenbrief von 1370. Damit wurde die Geistliche Jurisdiktion in bestimmten Fällen − ausdrücklich nicht in Ehe- und geistlichen Sachen − aufgehoben und durch

---

[95] Bernhard Ruthmann, Die Religionsprozesse am Reichskammergericht (1555-1648). Eine Analyse anhand ausgewählter Prozesse. (Quellen und Forschungen zur höchsten Gerichtsbarkeit im Alten Reich, 28) Köln/Weimar/Wien 1996, S. 312.

[96] Dazu jetzt Edeltraud Klueting / Harm Klueting / Hans-Joachim Schmidt (Hrsg.), Bistümer und Bistumsgrenzen vom frühen Mittelalter bis zur Gegenwart. (Römische Quartalschrift für christliche Archäologie und Kirchengeschichte, Supplement 58) Rom 2006.

[97] WA.TR 4, Nr. 4068 (1538).

[98] Ruthmann, Religionsprozesse, S. 315.

[99] Ebd., S. 314-331.

[100] Ebd., S. 326, 357.

[101] Zitat Heckel, Autonomia, S. 235.

[102] Ruthmann, Religionsprozesse, S. 326.

das städtische „Pfaffengericht" ersetzt, dem zwei Chorherren des Großmünsters von Zürich und ein Geistlicher des Fraumünsters angehörten, aber kein Vertreter des Bischofs von Konstanz, in dessen Diözese die Limmatstadt lag. Diese Fälle waren bürgerliche Disziplinarsachen des Klerus.[103] Man mag das in die Vorgeschichte der Zürcher Reformation einordnen. 1555 aber geschah etwas anderes. Faktisch wurden die Bischöfe nach 1555 durch die Suspension ihrer Geistlichen Jurisdiktion auf das Gebiet ihres Hochstiftes beschränkt, in dem sie zugleich Landesherr waren. Die zumeist viel ausgedehnteren Diözesangebiete schrumpften gewissermaßen auf die oft sehr viel kleineren Hochstiftsgebiete. Auch das – nicht nur das oft behandelte Adelsprivileg der oberen Etagen der katholischen Reichskirche des 17. und 18. Jahrhunderts – trug dazu bei, daß die Fürstbischöfe mehr Fürsten als Bischöfe wurden.

Der Westfälische Frieden von 1648 bestätigte den Augsburger Religionsfrieden und brachte zugleich wichtige Modifikationen.[104] Dazu gehörte die Präzisierung des Reservatum Ecclesiasticum, das 1555 als Bestandsschutz der katholischen Reichskirche gedient hatte und 1648 weiter dazu dienen sollte. Besonders wichtig wurde die Normaljahrsregelung des Westfälischen Friedens, die die Besitzverhältnisse am reichsunmittelbaren und am reichsmittelbaren Kirchengut sowie den Bekenntnisstand anhand der Lage am Stichtag „1. Januar 1624" für immer und alle Zeiten festzuschreiben suchte.[105] Die Normaljahrsregelung bewirkte eine Art Rechtsschutz vor Säkularisationen für die geistlichen Territorien, also vor allem für die Hochstifte der Bischöfe, die am Stichtag 1624 in katholischem Besitz gewesen waren; derselbe Rechtsschutz galt für evangelisch gewordene und von Administratoren verwaltete Bistümer, die – wenn sie 1624 evangelisch oder in evangelischen Händen gewesen waren – nicht rekatholisiert werden durften.[106]

Der Westfälische Frieden brachte aber selbst umfangreiche Säkularisationen geistlicher Fürstentümer. So fielen die Hochstifte Halberstadt, Minden und Kammin und das Erzstift Magdeburg als weltliche Fürstentümer an den Kurfürsten von Brandenburg.[107] Schweden erhielt als weltliche Herzogtümer das Erzstift Bremen und das Hochstift Verden.[108] Die Hochstifte Schwerin und Ratzeburg gelangten an den Herzog von Mecklenburg-Schwerin,[109] die Reichsabtei Hersfeld an Hessen-Kassel[110] und die Reichsabtei Walkenried an Braunschweig-

---

[103] Rudolf Pfister, Kirchengeschichte der Schweiz. Bd. 1. Zürich 1964, S. 460-462.
[104] Klueting, Konfessionelles Zeitalter, S. 348-351. Zu den einzelnen Bestimmungen des Westfälischen Friedens auch ders., Das Reich und Österreich 1648-1740. (Historia profana et ecclesiastica, 1) Münster 1999, 19-26.
[105] Klueting, Konfessionelles Zeitalter, S. 349f.
[106] Siehe auch Bernd Mathias Kremer, Der Westfälische Friede in der Deutung der Aufklärung. Zur Entwicklung des Verfassungsverständnisses im Hl. Röm. Reich Deutscher Nation vom Konfessionellen Zeitalter bis ins späte 18. Jahrhundert. (Jus ecclesiasticum, 37) Tübingen 1989.
[107] IPO Art. XI §§ 1 f. u.4-6.
[108] IPO Art. X § 7.
[109] IPO Art. XII § 1.
[110] IPO Art. XV § 2.

Lüneburg.[111] Das durch den Westfälischen Frieden eingeführte Alternat im Hochstift Osnabück,[112] mit dem von da an auf einen vom Domkapitel gewählten katholischen Bischof ein evangelischer Welfenprinz und auf diesen wieder ein katholischer Bischof folgte, kam einer halben Säkularisation gleich.[113] Die Normaljahrsregelung stand den Hochstiftssäkularisationen des Westfälischen Friedens nicht entgegen, weil die betreffenden Hochstifte 1624 in der Hand evangelischer Administratoren gewesen waren. Schwierigkeiten bereitete nur Osnabrück, weil der von 1623 bis 1625 amtierende Bischof von Osnabrück, Eitel Friedrich von Hohenzollern-Sigmaringen, katholisch gewesen war. Deshalb blieb es hier bei der „halben Säkularisation" des Alternats.[114]

Die Territorialsäkularisationen des Westfälischen Friedens waren die ersten Säkularisationen, die mit der Entschädigung für Gebietsverluste begründet wurden. So erhielt der Kurfürst von Brandenburg die ihm zugesprochenen geistlichen Territorien als Entschädigung für den Verzicht auf Vorpommern zugunsten Schwedens - lateinisch: „pro aequivalente autem recompensatione ...".[115] Der Westfälische Frieden führte den Gedanken der Entschädigung für Gebietsverluste durch Säkularisation in das „Ius Publicum Europaeum" ein und schuf den Präzedenzfall für 1803.[116] In Art. VII des Friedensvertrages von Lunéville kehrt dieser Gedanke in französischer Sprache wieder als «dédommagement»[117] (Schadloshaltung); der Reichsdeputationshauptschluß (RDHS) sprach in seiner Präambel von der „Grundlage [= Prinzip] der Entschädigung durch Säcularisati-

---

[111] IPO Art. XIII § 9.

[112] IPO Art. XIII § 1.

[113] Mark Alexander Steinert, Die alternative Sukzession im Hochstift Osnabrück. Bischofswechsel und das Herrschaftsrecht des Hauses Braunschweig-Lüneburg in Osnabrück (1648-1802). (Osnabrücker Geschichtsquellen und Forschungen, 47) Osnabrück 2003.

[114] Harm Klueting, Der Westfälische Frieden als Konfessionsfrieden im rheinisch-westfälischen Raum, in: Niedersächsisches Jahrbuch für Landesgeschichte 71 (1999), S. 23-50, hier S. 40f.; Eike Wolgast, Hochstift und Reformation. Studien zur Geschichte der Reichskirche zwischen 1517 und 1648. (Beiträge zur Geschichte der Reichskirche in der Neuzeit, 16) Stuttgart 1995, S. 338-345; Fritz Dickmann, Der Westfälische Frieden, Münster 7. Aufl. 1998 (zuerst 1964), S. 316-321 (Hochstiftssäkularisationen) u. 430f. (Osnabrück). Siehe auch Harm Klueting, Die Bedeutung des Westfälischen Friedens für das Rheinland, in: Monatshefte für evangelische Kirchengeschichte des Rheinlandes 47/48 (1998/99), S. 1-33.

[115] IPO Art. XI § 1.

[116] Harm Klueting (Hrsg.), 200 Jahre Reichsdeputationshauptschluß. Säkularisation, Mediatisierung und Modernisierung zwischen Altem Reich und neuer Staatlichkeit. (Schriften der Historischen Kommission für Westfalen, 19) Münster 2005, darin u.a.: ders., Die Säkularisation von 1803 und die Beziehung von Kirche und Staat zwischen Spätmittelalter und Gegenwart (S. 27-66).

[117] Friede von Lunéville vom 9.2.1801, Art. VII (Zeumer, Nr. 211, S. 508); von Oer, Säkularisation 1803, Nr. 8, S. 22. Hufeld, Reichsdeputationshauptschluss, Nr. 7, S. 60 übernimmt von Hoff (E. A. von Hoff, Das Teutsche Reich vor der französischen Revolution und nach dem Frieden von Lunéville, Tl. 1, Gotha 1801) die Übersetzung „Entschädigung".

onen". [118] So gibt es einen direkten Zusammenhang zwischen den Territorialsäkularisationen von 1648 und denen von 1803. Der Unterschied lag nur in der zu Beginn des 19. Jahrhunderts ungleich größeren Dimension und in der Tatsache, daß 1648 im wesentlichen längst evangelisch gewordene Gebiete betroffen waren, nicht aber katholische wie 1803. [119] Ein weiterer Unterschied lag darin, daß mit der Säkularisation von 1803 die katholische Reichskirche unterging, während die dadurch völlig veränderte katholische Kirche Deutschlands in eine bald ebenfalls völlig veränderte Welt eintrat, in der sich die politisch-säkulare Friedensordnung von Augsburg bewährte und in der die zunächst nur für Katholiken und Lutheraner und spätestens seit 1648 dann auch für die Reformierten geltenden Garantien sich auf die – so die von späteren Verfassungen bis hin zum Grundgesetz von 1949 übernommene Formulierung der „Grundrechte des deutschen Volkes" der Frankfurter Nationalversammlung vom Dezember 1848 – „Religionsgesellschaften" oder „Religionsgemeinschaften" ausweitete, was nun auch andere christliche Glaubensformen und die Juden einbeziehen konnte. Diese auf 1555 zurückgehende politisch-säkulare Friedensordnung gereichte allen Konfessionen, auch den Katholiken, zum Vorteil und wurde nur gestört in den schlimmen Zeiten des Kulturkampfes und in den noch viel schlimmeren des Nationalsozialismus.

---

[118] RDHS vom 25.2.1803, Präambel (Zeumer, Nr. 212, S. 509); von Oer, Säkularisation 1803, Nr. 16, S. 55; Hufeld, Reichsdeputationshauptschluss, Nr. 9, S. 69.

[119] Harm Klueting, „Der Staat bemächtigt sich mit vollem Recht des angemaßten Eigenthums der Kirche": Territorial- und Klostersäkularisation vom 16. bis 19. Jahrhundert, in: Claudio Donati / Helmut Flachenecker (Hrsg.), Le secolarizzazioni nel Sacro Romano Impero e negli antichi Stati italiani: permesse, confronti, conseguenze. – Säkularisationsprozesse im Alten Reich und in Italien. Voraussetzungen, Vergleiche, Folgen. (Annali dell'Istituto storico italo-germanico in Trento. Contributi – Jahrbuch des italienisch-deutschen historischen Instituts in Trient. Beiträge, 16) Bologna/Berlin 2005, S. 25-55.

Gerda Riedl

Vom theologischen Glaubensstreit zum historischen Rechtsfrieden ... und darüber hinaus?

Porträt des Augsburger Religionsfriedens (1555) als einer (un-) genutzten Chance gelebter Ökumenefähigkeit

1. Forschungslage und Forschungsdesiderate

1.1 Die forschungsgeschichtliche Marginalisierung des ›Augsburger Religionsfriedens‹ (1555).

Die Forschungsgeschichte zu den beiden reichsgeschichtlich zentralen Friedensschlüssen der Frühen Neuzeit überrascht mit einem so eklatanten wie eigentlich unerklärlichem Missverhältnis: Während sich nämlich die Friedensschlüsse des Jahres 1648 (›Westfälischer Friede‹) intensiver Diskussion erfreuen, fristet der ›Augsburger Religionsfriede‹ des Jahres 1555 ein regelrecht marginales Dasein. Nicht weniger als 328 Einträge bietet beispielsweise das historiographisch-bibliographische Hilfsmittel der ›Jahresberichte für Deutsche Geschichte‹ unter dem Schlagwort ›Westfälischer Frieden‹ zwischen den Berichtsjahren 1988 und 2005; auf das Schlagwort ›Augsburger Religionsfrieden‹ entfallen hingegen gerade 27 Einträge, die sich obendrein überwiegend dem 450-jährigen Jubiläum ebendieses Interessenausgleichs verdanken. Doch damit nicht genug: Zu allem Überfluss spiegeln theologisch-bibliographische Hilfsmittel wie der ›Index Theologicus‹[120] das exakt gleiche Kräfteverhältnis wider. Historiker und Theologen vermeiden demnach die Berührung mit der Materie des ›Augsburger Religionsfriedens‹ in geradezu seltener Eintracht. Von daher erscheint es beinahe konsequent, wenn lediglich die ›Actae Pacis Westphalicae‹[121] einer monumentalen Quellenedition gewürdigt werden; demgegenüber erschließen sich die Umstände der Entstehung des Augsburger Vertragswerkes nach wie vor nur aufwendigen Archivstudien. Und den eigentlichen Text des Religionsfriedens von 1555 bietet

---

[120] Beide Hilfsmittel stehen mittlerweile in elektronischer Form zur Verfügung; vgl. Jahresberichte für Deutsche Geschichte: Hg. Berlin-Brandenburgische Akademie der Wissenschaften. Jg. 1985 ff. [digitalisiert]; Index theologicus. Zeitschrifteninhaltsdienst Theologie. Hg. Universitätsbibliothek Tübingen. Jg. 1988 ff. [digitalisiert]. – Die genannten Zahlen basieren auf den Einträgen in beiden Datenbanken (Stand: Dezember 2005).

[121] Actae Pacis Westphalicae. Hg. Max BRAUBACH u. a. Münster 1962 ff. Das Monumentalwerk hat es auf mittlerweile 3 Reihen und über 30 Bände gebracht. – Den Zusammenhängen zwischen beiden Friedensschlüssen (von 1555 und 1648) ging zuletzt nach Martin HECKEL: Konfessionalisierung in Koexistenznöten. Zum Augsburger Religionsfrieden, Dreißigjährigen Krieg und Westfälischen Frieden in neuerer Sicht. In: Historische Zeitschrift 280 (2005), S. 647-690; siehe außerdem Klaus GARBER / Jutta HELD (Hg.): Der Frieden. Rekonstruktion einer europäischen Vision. Bd. 1: Erfahrung und Deutung von Krieg und Frieden. Bd. 2: Frieden und Krieg in der Frühen Neuzeit. München 2001.

in verlässlicher Ausgabe bezeichnenderweise noch immer eine Edition des Jahres 1927.[122] Ungleichgewichte derartigen Ausmaßes sollten ihre Gründe haben.

1.2 Der ›Augsburger Religionsfriede‹ als historisches und theologisches Ärgernis.

Tatsächlich lassen sich besagte Gründe auch präzise benennen: Der ›Augsburger Religionsfriede‹ des Jahres 1555 bedeutet weiten Kreisen der Forschung bis heute ein theologie- und profangeschichtliches Ärgernis ersten Ranges. So vermögen maßgebliche Theologen beider einst beteiligten Konfessionen (evangelisch-lutherischer und römisch-katholischer Provenienz) offensichtlich kaum über das Skandalon der damals womöglich leichtfertig und eigensüchtig verspielten Kircheneinheit hinwegzukommen. Dass schon zuvor (und bis in die Gegenwart) ein Schisma mit den östlich-orthodoxen Kirchen existierte (und existiert), spielt bei entsprechenden Einschätzungen keine große Rolle; reflektiert wird darauf in einschlägigen Veröffentlichungen zu beiden Friedensschlüssen augenscheinlich selten bis überhaupt nicht. Infolge dessen entgeht der theologischen Forschung für gewöhnlich das strukturelle Problem sämtlicher Reunions-Versuche: Zunächst fördern diese nämlich gemeinhin eher Trennendes denn Gemeinsames zutage und lassen sich deshalb mitnichten auf den moralischen Nenner der (dann natürlich kontrovers diskutierten) Schuldfrage reduzieren. Jedenfalls ereignete sich auf dem mühevollen Weg zur Überwindung des erwähnten ›Großen Schismas‹ (von 1054) zwischen östlicher Reichs- und westlicher Papstkirche ganz Ähnliches: Damals mussten die Verhandlungs-Delegationen beider Kirchen auf dem (politisch wie religiös motivierten) Unions-Konzil von Ferrara-Florenz (1438 –1445) voller Bestürzung zur Kenntnis nehmen, dass das westlicherseits so beliebte ›Credo‹ (Kleines Glaubensbekenntnis, ›Symbolum Apostolorum‹) den östlichen Gesprächspartnern gar nicht bekannt war, mithin westliches Glaubens-Sondergut darstellte,[123] auf welches die eine Seite so wenig verzichten wollte wie sich die andere Seite geneigt zeigte, es zu akzeptieren. Mehr als hundert Jahre später präsentierte sich dasselbe Bild: Allen guten Einigungs-Absichten zum Trotz sollte der ›Augsburger Religionsfriede‹ (von 1555) vorhandene Gräben gleichfalls eher vertiefen denn einebnen. Dennoch kann von theologischer Leichtfertigkeit und konfessionspolitischer Eigensucht hier wie da keine Rede sein: Erst das Anlegen der moralischen Elle (in kontrovers- oder konsenstheologischer Absicht)[124] erzeugt den faktenfernen, weil interessegeleite-

---

[122] Vgl. Der Augsburger Religionsfriede vom 25. September 1555. Kritische Ausgabe des Textes mit den Entwürfen der königlichen Deklaration. Hg. Karl BRANDI. 2. Aufl. Göttingen 1927.

[123] Als die Delegierten der westlichen Papstkirche laut erhaltener Gesprächsprotokolle nach dem ›Apostolischen Glaubensbekenntnis‹ fragten, entgegnete Markos Eugenikos (1394 – 1445), seit 1437 Metropolit von Ephesos, einigermaßen gereizt: »Wir besitzen es nicht, und wenn es je existiert hätte, wäre es erwähnt worden.« (Konzil Ferrara-Florenz: Collatio decimatertia, die VIII. Decembris 1438 [Acta conciliorum et epistolae decretales. Bd. 9, Sp. 842])

[124] Dominierten früher die gegenseitigen Schuldzuweisungen, so wird heutzutage eher (in konsenstheologischer Absicht) an der Verschleierung interkonfessionell etwas peinlicher Gemeinsamkeiten gefeilt: Katholische Kirche und die Kirchen der Reformation versäum-

ten Eindruck des theologiegeschichtlichen Ärgernisses. Differenztheologisch unter die Lupe genommen, würde der ›Augsburger Religionsfrieden‹ demgegenüber sein ganzes Potential an ungewollt angelegter und konfliktgesättigt gelebter Ökumenefähigkeit entfalten.

Kaum anders verhält es sich mit der Subsumtion des ›Augsburger Religionsfriedens‹ unter die profangeschichtlichen Ärgernisse der neueren Historie. Zielsicher führt hier die deutsch-nationale Elle auf den falschen Betrachtungspunkt hin. Seit den Zeiten der einschlägigen Geschichtsschreibung des ausgehenden 19. Jahrhunderts haftet ja insbesondere dem ›Augsburger Religionsfrieden‹ der Makel an, die staatlichen Auflösungserscheinungen des Alten (Heiligen Römischen) Reiches Deutscher Nation bewusst befördert und recht eigentlich zementiert zu haben. Bequem an einem (ehemals koexistenznötigen) Einzelereignis festgemacht erscheint infolge dessen bis heute, was mit dem Stichwort der heillos verspäteten ›Nationbildung‹ negativ konnotiert wird; dabei ließe es sich unter dem Leitbegriff der beginnenden ›Föderalisierung‹ genauso gut positiv bewerten. Von größerem Einfluss erwiesen sich freilich die vernichtenden Urteile so renommierter Historiker wie Johann Gustav Droysen und Heinrich von Treitschke: Letzterer etwa erklärte unter Rückgriff auf J.G. Droysen den ›Augsburger Religionsfrieden‹ (von 1555) zum eigentlichen ›Schmachfrieden‹ der deutschen Nationalgeschichte. »Damals ward jene politische Sündenschuld angesammelt, die wir späten Enkel noch nicht völlig abtragen konnten.«[125] Diese Auffassung teilten (und teilen) übrigens auch katholische Historiker: »Der Niedergang des deutschen Reiches (...) wurde durch die religiöse Neuerung wesentlich gesteigert. An dieser Verwickelung hat der Augsburger Religionsfriede (1555) mit seinen Folgeerscheinungen nicht unwesentlichen Anteil.«[126]

1.3 Der ›Augsburger Religionsfriede‹ (1555) als Nährboden konfessioneller Vorbehalte.

Weil die interessegeleitete Argumentation bis heute eine sachbezogene Analyse des historischen Phänomens ›Augsburger Religionsfriede‹ nachhaltig beeinträchtigt, existiert zudem eine Fülle interkonfessioneller Empfindlichkeiten. Diese wiederum provozieren nicht eben selten wissenschaftslogisch (eigentlich) unwürdige Stellungnahmen bedenklich einseitigen Charakters. Gerade jüngst gewinnt dabei eine sportliche Metaphorik Raum, welche im Umgang mit juris-

---

ten es – aus falsch verstandenem Wetteifer um Staats- und Seelenheil – beispielsweise gemeinsam, den Hexenverfolgungen früher Neuzeit energisch genug entgegenzutreten; vgl. Gerda RIEDL: Der Hexerei verdächtig. Das Inquisitions- und Revisionsverfahren der Penzliner Bürgerin Benigna Schultzen. Göttingen 1998.

[125] Heinrich von Treitschke: Die Republik der vereinigten Niederlande (1869). In: Ders.: Historische und politische Aufsätze. Bd. 2. 5. Aufl. Leipzig 1886, S. 410 f. – Die Forschungsgeschichte referiert in Grundzügen Axel GOTTHARD: Der Augsburger Religionsfrieden (Reformationsgeschichtliche Studien und Texte 148). Münster 2004, S. 587-651; vgl. auch Carl A. HOFFMANN: Der Augsburger Religionsfrieden. Inhalte und Aspekte seiner Wirkungsgeschichte 1555-1648. In: Geschichte in Wissenschaft und Unterricht 56 (2005), S. 220-240.

[126] Bernhard DUHR: Geschichte der Jesuiten in den Ländern deutscher Zunge. Bd. 2.1. Freiburg 1913, S. 1.

tisch derart diffizilen Vertragswerken wie dem ›Augsburger Religionsfrieden‹ zwangsläufig zu kurz greifen und deshalb künstlich polarisieren müssen: Nicht nur die einschlägige Monographie Axel Gotthards (aus dem Jahr 2004) stellt nämlich ihre Deutung der Augsburger Übereinkunft zwischen katholischen und protestantischen Reichsständen unter das Motto ›Wer hat denn nun gewonnen?‹;[127] auch der englische Historiker David Loades (geb. 1934) tut es dem deutschen Kollegen darin gleich. Er überschreibt eine seiner Arbeiten zur Europäischen Geschichte der Frühen Neuzeit mit folgender viel sagenden Titelfrage: »For whom and for what reasons was the Peace of Augsburg (1555) a victory?«[128] Im Unterschied zu A. Gotthard scheint sich D. Loades allerdings seiner Sache so sicher, dass er bereits dem ersten Satz seiner Abhandlung die Antwort anvertraut: »The Peace of Augsburg was unquestionably a victory for the Lutherans.«[129] Erfreulicherweise äußert sich A. Gotthard in dieser Hinsicht doch um einiges differenzierter als sein englischer Fachkollege; denn dieser bedauert im weiteren Verlauf seines Aufsatzes lediglich, dass der protestantische Sieg kein totaler gewesen sei. Allerdings sieht er dieses vermeintliche Defizit durch eine andere Tatsache mehr als kompensiert: Schließlich habe das Augsburger Vertragswerk den aufkeimenden Führungsanspruch der Calvinisten nachhaltig torpediert. Unter solchen Verständnisvoraussetzungen beschleicht wohl so manchen Rezipienten unwillkürlich das wenig angenehme Gefühl, die konfessionellen Auseinandersetzungen von einst im 21. Jahrhundert plötzlich als Federkrieg um historiographische Deutungshoheiten wiederholt zu sehen.

Evangelisch-lutherische Theologen wiederum deuten den ›Augsburger Religionsfrieden‹ (von 1555) häufig als Beginn des unüberbietbaren Endstadiums menschheitlicher Religionsgeschichte überhaupt, welche im christlichen Protestantismus an ihr demokratie- und toleranzfähiges Ende gekommen sei. Selbstverständlich begegnen derartige Zungenschläge heutzutage in deutlich milder gestimmten Tönen; und dennoch prägt entsprechende Denkbewegungen für gewöhnlich die (bewusst gewollte oder unbewusst unterstellte) Konstruktion eines Ursache-Wirkungs-Zusammenhanges zwischen Reformation und Religionsfrieden, zwischen Aufklärung und Demokratie. Zuletzt verschrieb sich besagter Argumentationslogik beispielsweise Gunter Wenz (2005): In einer knappen Analyse des – seiner Meinung nach anfangs verborgenen, schließlich aber offenkundigen – Bedeutungspotentials der Augsburger Vereinbarung (des Jahres 1555) schlägt er den großen Bogen vom faktischen Ende mittelalterlicher Universalansprüche über die beginnende Säkularisierung des damaligen Reichsrechts bis hin zur garantierten Religions- und Gewissensfreiheit im toleranten Sinne des bun-

---

[127] Axel GOTTHARD: Der Augsburger Religionsfrieden (Anm. 125), S. 159.
[128] David LOADES: For whom and for what reasons was the Peace of Augsburg (1555) a victory? In: Ders.: Essays in European History 1453-1648. Bd. 2. Oxford 2003, S. 51.
[129] »The peace was also a victory in another way. By 1555 the Lutherans were already being seriously challenged for the reformed leadership by the followers of John Calvin. The Calvinists were making rapid headway in the Rhineland, but had not succeeded at that date in taking over any state. *Cuius regio* therefore gave an opportunity to exclude them altogether from the Imperial settlement.« (David LOADES: For whom and for what reasons [Anm.128], S. 52)

desrepublikanischen Grundgesetzes.[130] So sehr derartige Gedankengänge einleuchten wollen, so viel Widersprüchliches müssen sie auch ausblenden. Und im (aller Wahrscheinlichkeit nach unbeabsichtigten) Umkehrschluss legen sie obendrein die schweigende Implikation nahe, der moderne Katholizismus gedeihe in einem historischen Milieu mangelnder Aufklärungs- und Demokratiefähigkeit. Dass einschlägige Haltungen existieren mögen und vielleicht sogar noch zeitgenössische Katholiken, welche sich ihrer befleißigen, verbessert die intellektuelle Leistungskraft derartiger Geschichtskonstruktionen keineswegs. Erklärungsnotstand herrscht auf protestantischer Seite insbesondere gegenüber modernen Rückfragen hinsichtlich ihres seltsamen ›Toleranz‹-Begriffes; schließlich galt der ›Augsburger Religionsfriede‹ lediglich für Anhänger von (Papst-) Kirche und ›Confessio Augustana‹ (1530). Vom Vertragswerk allerdings unmissverständlich majorisiert, ließ sich die reichs-kirchenrechtliche Ketzer-Gesetzgebung Außenstehenden gegenüber beinahe wie eh und je in Anschlag bringen. Und genauso wenig kann angesichts des ›Augsburger Religionsfriedens‹ von einer Säkularisierungstendenz gesprochen werden. Eher scheint zunächst das Gegenteil der Fall: Ein territorialstaatliches Zwangskirchentum nach der späteren Formel *Cuius regio, eius religio*[131] förderte vielmehr die Resakralisierung der landesherrlichen Machtposition, erhob sie doch deren Inhaber wenigstens auf protestantischer Seite zum lehrbildenden Summepiskopus; die Entstehungsgeschichte der Konkordienformel (von 1577) etwa bietet hierfür ein eindrückliches Beispiel.[132] Und selbst (papst-) kirchentreue Reichsfürsten entdeckten im Zuge der konfessionellen Wettbewerbssituation die spirituell-geistlichen Dimensionen ihres Herrschaftsverständnisses neu.

Trotz solcher Einwände von einigem wissenschaftlichen Gewicht überwiegt in katholischen (Forschungs-) Kreisen keineswegs der Unwille über die gelegentlich simplifizierende Deutungsperspektive protestantischer Kollegen; hier herrscht üblicherweise eher pikiertes Schweigen über den 1555 sanktionierten Verlust der alleinigen Gestaltungs- und Diskurshoheit in Glaubensfragen. Entsprechend negativ gerät das Urteil über den ›Augsburger Religionsfrieden‹. Schon der renommierte Kirchenhistoriker Hermann Tüchle mochte sich (1955)

---

[130] »Von entscheidender historischer Bedeutung ist diese Entwicklung nicht zuletzt deshalb, weil sich in ihr eine Säkularisierung des Reichsrechts abzeichnet, nämlich dessen Loslösung ›von der äußeren Bestimmung durch die kirchliche Gewalt und zugleich von der inneren Bindung an den geistlichen Anspruch dieser wie jener Konfession‹.« (Gunter WENZ: ›Beständig und für ewig‹. Historische und rechtsgeschichtliche Aspekte zum Augsburger Religionsfrieden 1555. In: Nachrichten der Evangelisch-Lutherischen Kirche in Bayern 60 (2005). Nr. 1, S. 5-10) – Überdeutlich kommt G. Wenz' Perspektive auch in den Zwischenüberschriften seines Statements zum Ausdruck: ›Epochale Bedeutung, Säkularisierung des Reichsrechts, Machtpolitische Emanzipation, Der Große Krieg, Fehlende Kontur, Landesherrliches Kirchenregiment, Unvermeidbare Entwicklung, Religions- und Gewissensfreiheit‹ (ebd., S. 6-10).

[131] Die griffige Formulierung stammt aus der Feder des protestantischen Greifswalder Juristen Joachim Stephani (1544-1623); vgl. DERS.: Institutiones iuris canonici. 2. Aufl. Frankfurt/M. 1612, Buch 1. Kap. 7 Nr. 5.2

[132] Vgl. zuletzt etwa Irene DINGEL: Konfession und Frömmigkeit. Verlaufsformen der Konfessionalisierung an ausgewählten Beispielen. In: Luther 75 (2004), S. 80-102.

mit dem Vertragswerk nicht so recht anfreunden: »Wenn kein Beginn der religiösen Toleranz, so war der Augsburger Religionsfriede auch kein Wendepunkt in der Reformation. In den nächsten Jahren gehen die Fortschritte der Glaubenserneuerung weiter und mehr als einmal verlangen die Protestanten die Aufhebung der rechtlichen Schranken des Friedens. Erst rund 10 Jahre später, als die katholischen Stände die Reformbeschlüsse des Tridentinums annahmen und die Erziehungsarbeit der Jesuiten in Deutschland ihre ersten Früchte trug, wurde dem Vorwärtsdrängen des Protestantismus Einhalt geboten. Der Augsburger Religionsfriede wies keinen Weg in die Zukunft. Alles, was er bedeutete, war eine Bestätigung des Bestehenden, ein letzter Schutz gegen die Anwendung brutaler Gewalt unter dem Vorwand der Religion.«[133] Noch weiter geht Manfred Heim (2003): Er konstatiert gar eine Katastrophe des Katholizismus, den es damals allerdings – sofern besagter Ausdruck die ›Konfessionalisierung‹[134] seit dem ›Augsburger Religionsfrieden‹ eigentlich voraussetzt – streng genommen noch gar nicht gab.[135] »Genau darin liegt auch die historische Dimension des Religionsfriedens. Er bedeutete – mit der Reformation – nicht nur die größte Katastrophe in der Geschichte der katholischen Kirche, er vollendete auch die Auflösung der mittelalterlichen Einheit der Kirche (...).«[136] Weniger als historische Anklage werden solche Einlassungen gemeint sein, eher schon als elegische Klage über eine womöglich leichtfertig verspielte Einheit. Übersensible Protestanten könn-

---

[133] Hermann TÜCHLE: Der Augsburger Religionsfriede. Neue Ordnung oder Kampfpause? In: Heinz F. Deininger (Hg.): Bischof Ulrich und der Augsburger Religionsfriede. Neue Quellenforschungen zum Augsburger Gedenkjahr 955, 1555, 1955 (Zeitschrift des Historischen Vereins für Schwaben 61). Augsburg 1955, S. 323-340 (hier: S. 339).

[134] Unter ›Konfessionalisierung‹ versteht die historisch-theologische Forschung (mit Heinz Schilling) für gewöhnlich »einen gesellschaftlichen Fundamentalvorgang, der das öffentliche und private Leben in Europa tiefgreifend umpflügte, und zwar in meist gleichlaufender, bisweilen auch gegenläufiger Verzahnung mit der Herausbildung des frühmodernen Staates und mit der Formierung einer neuzeitlich disziplinierten Untertanengesellschaft, die anders als die mittelalterliche Gesellschaft nicht personal fragmentiert, sondern institutionell und flächenmäßig organisiert war.« (Heinz SCHILLING: Die Konfessionalisierung im Reich. Religiöser und gesellschaftlicher Wandel in Deutschland zwischen 1555 und 1620. In: Historische Zeitschrift 246 (1988), S. 1-45; hier: S. 6)

[135] Dieser Tatsache hatte übrigens schon Friedrich Schiller in seiner ›Geschichte des Dreißigjährigen Krieges‹ (1791) ausgiebig Rechnung getragen. »Deutschland zerriß auf diesem Reichstag zu Augsburg in zwey Religionen und in zwey politische Partheyen; jetzt erst zerriß es, weil die Trennung jetzt erst gesetzlich war. Bis hieher waren die Protestanten als strafbare Ueberläufer angesehen worden; jetzt beschloß man sie als Brüder zu behandeln, nicht als ob man sie dafür anerkannt hätte, sondern weil man dazu genöthigt war. Die Augsburgische Konfession durfte sich von jetzt an neben den katholischen Glauben stellen, doch nur als eine geduldete Nachbarin mit einstweilen schwesterlichen Rechten.« (Friedrich Schiller: Geschichte des dreißigjährigen Kriegs [Historischer Calender für Damen für das Jahr 1791]. Erstes Buch. In: Schillers Werke. Nationalausgabe. Bd. 18.2. Hg. Karl-Heinz Hahn. Weimar 1976, S. 18) Katholische Kirchenhistoriker tun sich damit aber offensichtlich noch immer schwer; richtig hingegen Gunter WENZ: ›Beständig und für ewig‹ (Anm. 130), S. 7.

[136] Manfred HEIM: Augsburg. Der Religionsfriede von 1555. In: Alois Schmid u. a. (Hg.): Schauplätze der Geschichte in Bayern. München 2003, S. 205-215 (hier: S. 215).

ten ihr nichtsdestoweniger gleichfalls einen unausgesprochenen Vorwurf entnehmen: Schuld an der (angeblichen) Glaubenskatastrophe trägt – neben der römischen (Papst-) Kirche, versteht sich – allein die evangelisch-lutherische Hartherzigkeit, welche sich im sicheren Fahrwasser der Fürstenreformation nicht auf einen beschwerlichen Reformprozess der einen gemeinsamen Kirche einlassen wollte. Dass es sich auch hierbei um eine reine Geschichtskonstruktion handelt, bedarf eigentlich keiner Erwähnung: Schließlich bedeutete die seit dem Augsburger Friedensschluss (von 1555) fortschreitende Konfessionalisierung weit eher einen spirituell und kulturell inspirierenden Auf- denn einen kirchenpolitisch und mentalitätsgeschichtlich fatalen Zusammenbruch. Melancholischspätmoderner Kirchenillusionismus ändert an diesen historischen Erkenntnissen wenig. Im Gegenteil: Wie der latente Triumphalismus auf protestantischer Seite, so schüren die verhohlenen Vorhaltungen von katholischer Seite lediglich das gegenseitige Misstrauen der Konfessionen; an die historischen Ereignishorizonte von damals reichen beide Geschichtskonstruktionen ohnehin nicht heran.[137]

Dass diese oder ähnliche Deutungen mit der Sache des ›Augsburger Religionsfriedens‹ wenig zu tun haben, resultiert aus einer einfachen Tatsache: Sie instrumentalisieren das epochale Vertragswerk ihren spätmodernen Argumentationszwecken. Ein gegenwartorientiertes Erkenntnisinteresse verstellt jedoch gerade alle Blicke auf den geschichtlichen Ereigniszusammenhang. Allmählich sollte sich folgende Einsicht Claus-Jürgen Roepkes durchsetzen: Im Jahre 2005 jährte sich mit dem 450. Jahrestag des ›Augsburger Religionsfriedens‹ »ein ambivalentes Jubiläum«.[138] Nüchtern und klug kommentiert der Präsident des Martin-Luther-Bundes die stets und ständig aufgerufenen Schlagwörter: *Friede* (»Aber als Friede kann man ihn kaum bezeichnen, wenn man darunter das heutige Miteinander der beiden großen christlichen Kirchen in Deutschland versteht, die sich im gemeinsamen Zeugnis des Evangeliums verbunden wissen. [...] Sofern also ›Friede‹ meint, für den anderen Verantwortung zu übernehmen und harmonisch mit ihm zu leben, war der ›Augsburger Religionsfriede‹ tatsächlich kein Friede. Spätestens im Dreißigjährigen Krieg wurde dies deutlich.«[139]), *Toleranz* (»Ist das [das Prinzip ›Cuius regio eius religio‹, Anm. der Verf.] nun der Beginn der Toleranz oder der Gipfel zynischer Intoleranz gewesen?«[140]), *Säkularisie-*

---

[137] Diese Feststellung gilt übrigens auch von einer dritten Geschichtskonstruktion tendenziell säkularistischer (Forschungs-) Kreise. Diese identifizieren Augsburg wegen des Vertragswerkes von 1555 und der ›Gemeinsamen Erklärung über die Rechtfertigungslehre‹ beider Konfessionen (vom 30. Oktober 1999) mit dem Ort eines doppelten Sündenfalls des Protestantismus: »Fauler Friede in Augsburg«! Franz von Bebenburg fasst seine Sicht der Dinge so zusammen: »Das Christentum hat in jeder kirchlichen Form ausgespielt. Berührt es denn das Schicksal unseres Volkes, wenn die Lutheraner in die römische Kirche heimkehren? Offensichtlich nicht. Es hat derzeit ganz andere Sorgen.« (Franz von BEBENBURG: Fauler Friede in Augsburg. Ist die lutherische Kirche auf dem Weg nach Rom? In: Mensch und Maß. Jg. 2000, S. 17-22; hier: S. 22)
[138] Claus-Jürgen ROEPKE: Zum Geleit. 1555-2005. Ein ambivalentes Jubiläum. In: Lutherische Kirche in der Welt 52 (2005), S. 7-10.
[139] Ebd., S. 7; 9.
[140] Ebd., S. 8.

rung (»Dennoch hat dieser Grundsatz der Religionshoheit des Landesherrn natürlich nichts zu tun mit der Gewissensfreiheit des Einzelnen, auf die sich Martin Luther in Worms berufen hatte. Es ist auch meilenweit entfernt von der individuellen Entscheidungsfreiheit in Glaubensfragen [...] und von der heute selbstverständlichen Neutralität des Staates in religiösen Fragen.«[141]) Claus-Jürgen Roepke ist den offenkundigen Nöten des damaligen historischen und theologischen Augenblicks so gut auf der Spur wie seinen verborgenen Möglichkeiten. Nur auf diesem methodischen Weg lassen sich wissenschaftliche Ärgernisse und konfessionelle Vorbehalte überwinden.

1.4 Der ›Augsburger Religionsfriede‹ im Fokus neuer Forschungsmethoden.

Dessen ungeachtet will die spätmoderne Instrumentalisierung des Augsburger Vertragswerkes (von 1555) einfach nicht enden. Selbst der voluminöse Katalog zur Augsburger Jubiläumsausstellung des Jahres 2005 bietet diesbezüglich leider keine erfreuliche Ausnahme. Zwar dokumentiert er zahlreiche Aspekte der damaligen Lebens-, Handlungs- und Deutungswelt in politischer wie ökonomischer, in kultureller wie religiöser Hinsicht. Und sicherlich gebietet die nötige Publikumswirksamkeit eines entsprechenden Publikationsprojektes auch die Auswahl der medial anschlussfähigen Titelformulierung: »Als Frieden möglich war. 450 Jahre Augsburger Religionsfrieden« (2005).[142] Dass allerdings der wissenschaftliche Teil besagten Katalogs über weite Strecken überholten Simplifikationen frönt, überrascht, widerspricht diese Tendenz doch zum Teil sogar dem Tenor einschlägiger Veröffentlichungen der beteiligten Historiker: Nicht *möglich* war der ›Augsburger Religionsfriede‹ 1555 geworden, sondern *nötig!* Das machtpolitisch-ökonomisch gestimmte Kalkül bestimmte seine Formulierung, nicht ein kluger Interessenausgleich in womöglich religiöser oder religionspolitischer Absicht. Immerhin vertrauten sich die Vertragsparteien dabei (vorläufig) dem Recht an und nicht der (späteren) Gewaltanwendung, freilich um den Preis einer gegenseitigen Majorisierung gegenüber Vertragsfremden. Insofern glich der ›Augsburger Religionsfriede‹ (von 1555) eher einem juristisch vertäuten Waffenstillstand rivalisierender Herrschaftsträger denn einer konsensfähigen, weil überparteilichen Verständigung letztlich handelseinig gewordener Vertragspartner.

Neuere Arbeiten zu den damaligen Ereignisfolgen zwischen ›Augsburger Interim‹ (1547/48), ›Passauer Vertrag‹ (1552) und ›Augsburger Religionsfrieden‹ (1555)[143] legen diesen Schluss genauso nahe wie thematisch geprägte Rückfra-

---

[141] Ebd., S. 8.
[142] Vgl. Carl A. HOFFMANN u. a. (Hg.): Als Frieden möglich war. 450 Jahre Augsburger Religionsfrieden. Begleitband zur Ausstellung. Regensburg 2005.
[143] Siehe hierzu insbes. Horst JESSE: Die Entwicklung zum Religionsfrieden von Augsburg 1555. In: Jahrbuch des Vereins für Augsburger Bistumsgeschichte 35 (2001), S. 20-57; Winfried BECKER u. a. (Hg.): Der Passauer Vertrag von 1552. Politische Entstehung, reichsrechtliche Bedeutung und konfessionsgeschichtliche Bewertung. Neustadt 2003; Helmut NEUHAUS: Der Passauer Vertrag und die Entwicklung des Reichsreligionsrechts. Vom Nürnberger Anstand zum Augsburger Religionsfrieden. In: Heinrich de Wall / Michael Germann (Hg.): Bürgerliche Freiheit und christliche Verantwortung. FS Christoph

gen im Horizont von Toleranz-Forschung und Konfessionalitäts-Debatte.[144] Zusätzliche Klärung verspricht die Applikation so genannter Paradigmen-Forschung.[145] Paradigmen-Forschung unterscheidet sich von der hermeneutischen Herangehensweise älterer und jüngerer Vergangenheit durch *(1)* einen Zugriff generativer, nicht genetischer Natur; sie beachtet deshalb *(2)* Ereignishorizonte, nicht aber Ereignisfolgen und sie interessiert sich *(3)* für kybernetische Wechselwirkungen, nicht für mono- oder multikausale Ursache-Folge-Verläufe. Angewandt auf den ›Augsburger Religionsfrieden‹ (des Jahres 1555) bedeutet dies dessen unweigerliche Einbindung *(1)* in die größeren Zusammenhänge von frühneuzeitlicher Friedenssuche zwischen ›Ewigem Landfrieden‹ (1495) und ›Augsburger Religionsfrieden‹ (1555) sowie *(2)* zwischen mittelalterlichen Interdikten und neuzeitlichen Toleranzedikten. Überraschenderweise offenbart besagte Einbettung in umfassende Ereignishorizonte dann *(3)* die ökumenetheologische Dimension des ›Augsburger Religionsfriedens‹: So konfessionsbildend (und vorübergehend konfessionstrennend) er zunächst auch gewirkt haben mag, so sehr arbeitete er aller Wahrscheinlichkeit nach ungewollt einer (später nachhaltig gelebten) Ökumenefähigkeit zu!

2. Die Ereignisse und der Ereignishorizont
2.1 Friedenserhaltende und friedensgefährdende Maßnahmen im Umfeld des ›Augsburger Religionsfriedens‹ (1555).[146]

Bekanntlich verstand sich früh- und hochmittelalterlichem Rechtsverständnis zufolge selbst der Zustand friedlicher Koexistenz legitimierter Herrschaftsträger eines einheitlichen, wenngleich zerklüfteten Hoheitsgebietes – wie etwa des

---

Link. Tübingen 2003, S. 751-765; Horst RABE: Zur Entstehung des Augsburger Interims 1547/48. In: Archiv für Reformationsgeschichte 94 (2003), S. 6-104; Jörg WAGNER: Der Augsburger Religionsfrieden. Vor- und Nachgeschichte. Preetz 2003; Axel GOTTHARD: Der Augsburger Religionsfrieden (Anm. 125); Carl A. HOFFMANN: Der Augsburger Religionsfrieden (Anm.125).

[144] Vgl. hierzu etwa Thomas KAUFMANN (Hg.): Die Konfessionalisierung von Kirche und Gesellschaft. Sammelbericht über eine Forschungsdebatte. 2 Tle. In: Theologische Literaturzeitung 121 (1996), Sp. 1008-1026; 1112-1120; Wolfgang WALLENTA: Grundzüge katholischer Konfessionalisierung in Augsburg 1548-1648. In: Jahrbuch des Vereins für Augsburger Bistumsgeschichte 33 (1999), S. 215-232; Athina LEXUTT: Konfessionalisierung – neuer Schlauch für alten Wein?. In: Verkündigung und Forschung 45 (2000), S. 3-24. – Winfried SCHULZE: ›Ex dictamine rationis sapere‹. Zum Problem der Toleranz im Heiligen Römischen Reich nach dem Augsburger Religionsfrieden. In: Michael Erbe u. a. (Hg.): Querdenken. Dissens und Toleranz im Wandel der Geschichte. FS Hans R. Guggisberg. Mannheim 1996, S. 223-239; Helmut GABEL: Der Augsburger Religionsfriede und das Problem der Toleranz im 16. Jahrhundert / Paul WARMBRUNN: Toleranz im Reich vom Augsburger Religionsfrieden bis zum Westfälischen Frieden. Kirchen- und Landesordnungen und gesellschaftliche Praxis. In: Horst Lademacher (Hg.): Ablehnung, Duldung, Anerkennung. Toleranz in den Niederlanden und in Deutschland. Ein historischer und aktueller Vergleich. Münster u. a. 2004, S. 83-98 / 99-116.

[145] Siehe hierzu die wegweisende Arbeit von Thomas S. KUHN: Die Struktur wissenschaftlicher Revolutionen (engl. 1962). Frankfurt/M. 1973; vgl. aber auch Kurt BAYERTZ: Wissenschaftstheorie und Paradigmenbegriff. Stuttgart 1981.

[146] Siehe zu Folgendem v. a. die in Anm.143 genannten Forschungsbeiträge.

›Heiligen Römischen Reiches deutscher Nation‹ – nicht einfach von selbst. Lange Jahrhunderte hindurch herrschte vielmehr ein Normalzustand des zwar ungefähr regulierten, gewöhnlicher Weise aber ungehindert praktizierten Fehderechts. Friede bedurfte demgegenüber der je konkreten Errichtung. Erst der ›Ewige Reichslandfriede‹ (von 1495)[147] brachte die umgekehrte Entwicklung auf den Weg: Er wollte das (militärisch orientierte) Fehderecht unwiderruflich außer Kraft und über die Einrichtung des Reichskammergerichts als effektiver Gerichtsbarkeit ein (juristisch qualifiziertes) Instrument zur interterritorialen Konfliktlösung in Geltung setzen. So schwierig sich die Umsetzung besagten Unterfangens inmitten politischer Praxis zunächst auch erweisen mochte: Rein rechtlich gesehen (und für den Fall einschlägig verurteilter Rechtsbrüche mit der Möglichkeit jederzeit vollziehbarer ›Reichsacht‹ bewehrt), bildete seither schiedlich-friedlicher Interessenausgleich zwischen politischen Kontrahenten das Fundament jeder reichsrechtlichen Ordnung, nicht länger mehr die aggressiv-willkürliche Gewaltanwendung ebensolcher Rivalen im Kampf um die (territoriale oder imperiale) Macht.

Die Anfänge der Reformation standen deshalb eigentlich unter keinem sonderlich guten Stern. Schließlich hatte sich Kaiser Karl V. (1500 – 1558; Kaiser 1519-1556) mit dem Wormser Edikt (1521)[148] dem Urteil der geistlichen Richter angeschlossen. Implizit seit eben jenem Zeitpunkt, explizit aber spätestens seit den Reichstagen von Speyer (1529) und Augsburg (1530) unterlagen Martin Luther (1483 – 1546) und seine Anhänger der Reichsacht; insofern markiert der ›Ewige Reichslandfriede‹ (von 1495) tatsächlich die Eingangs-Schwelle des Ereignishorizontes ›Augsburger Religionsfriede‹. »Reformation war Landfriedensbruch. So lässt sich – zugespitzt – die Situation nach den Reichstagen von Speyer 1529 und Augsburg 1530 umschreiben, in deren Abschieden die Rechtsgültigkeit des Wormser Ediktes König/Kaiser Karls V. vom 8. Mai 1521 als eindeutige Rechtssetzung im Sinne eines einheitlichen Reichsreligionsrechts bestätigt und bekräftigt wurde (...). Dieser Landfriedensbruch war auch bereits gegeben, wenn es nicht zu gewalttätigen Aktionen kam, denn ›jegliche reformatorische Handlung, die ja zwangsläufig die alte Pfründen-, Jurisdiktions- und Herrschaftsstruktur der katholischen Kirche veränderte, [musste] unter die Strafandrohung der Reichsacht fallen‹.«[149] Konsequenterweise rangen beide Konfliktparteien, Alt- wie Neugläubige, von Anfang an und mit den unterschiedlichsten Mitteln um die (Wieder-) Herstellung des Landfriedens. Juristische Stellungs-

---

[147] Vgl. hierzu etwa Heinz ANGERMEIER: Königtum und Landfriede im deutschen Spätmittelalter. München 1966; Arno BUSCHMANN (Hg.): Landfrieden. Anspruch und Wirklichkeit. München u. a. 2002.

[148] Siehe hierzu bes. Armin KOHNLE: Reichstag und Reformation. Kaiserliche und ständische Religionspolitik von den Anfängen der Causa Lutheri bis zum Nürnberger Religionsfrieden (Quellen und Forschungen zur Reformationsgeschichte 72). Gütersloh 2001.

[149] Helmut NEUHAUS: Der Passauer Vertrag und die Entwicklung des Reichsreligionsrechts (Anm. 143), S. 755 (unter Verwendung eines Zitates von Bernhard RUTHMANN: Die Religionsprozesse als Folge der Glaubensspaltung. In: Ingrid Scheurmann [Hg.]: Frieden durch Recht. Das Reichskammergericht von 1495 bis 1806. Mainz 1994, S. 231-240; hier: S. 232).

kriege mochten vorläufig überwiegen, aber auch vor der Anwendung militärischer Gewalt sollten die Kombattanten letztlich nicht zurückschrecken. Einer allgegenwärtigen Dominanz subjektiven Rechtsempfindens von gelegentlich winkeladvokatorischem Zuschnitt hatte dabei schon Kaiser Karl V. zugearbeitet: Seine (scheinbar) salomonische Entscheidung, in Anbetracht von Frankreich-Krieg, Türkengefahr und enervierenden Spannungen mit dem Papsttum die traditionelle Koinzidenz beider (kirchlicher und staatlicher) Rechte um des Reichsfriedens willen hintanzusetzen, Dr. Martin Luther trotz päpstlicher Bannbulle auf einem ordentlichen Reichstag anzuhören und ungeachtet des einschlägigen Schuldspruchs die allfällige Reichsacht nicht an ihm (und seinen Anhängern) vollziehen zu lassen, würde den reformatorischen Bestrebungen notwendig zuarbeiten helfen. Selbst noch der Reichstag von Speyer (1526) stellte die Vollstreckung des Wormser Edikts in das Verantwortungsbelieben der Territorialherren (Reichsstände). »Die der Reformation zugeneigten Reichsfürsten sehen darin eine Ermächtigung zur Fortführung der Reformation.«[150] Konsequenterweise mussten die ganz gegensätzlich formulierten und der politisch deutlich besser positionierten Stellung des Kaisers geschuldeten Abschiede der Reichstage von Speyer (1529) und Augsburg (1530) die berühmte ›Protestation‹ der reformatorisch gesinnten Reichstände hervorrufen: Sie verweigerten sich nicht nur der eingeforderten Vollstreckung des ›Wormser Edikts‹ (von 1521), sondern proklamierten ihrerseits das Widerstands- und Notwehrrecht, dem – juristisch geschickt, weil politisch indirekt – eine Übertragung des königlich-kaiserlichen Religionsregals auf die Territorialherren korrespondieren konnte.

Die Demarkationslinien waren also bezogen: Interne Auseinandersetzungen beider Lager in theologischer oder politischer Hinsicht (etwa zwischen oberdeutschen Zwinglianern und mitteldeutschen Lutheranern auf Seiten der neugläubigen Stände und einem permanent schwelenden Koalitionskonflikt zwischen den altgläubigen Bayernherzögen und dem Haus Habsburg) mochten die schwierigen Verhältnisse weiter verkomplizieren; an den grundsätzlichen Interessenkollisionen änderten sie nichts mehr. Nacheinander erprobten beide Seiten – je nach momentaner Lage der innen-, außen und religionspolitischen Dinge – insgesamt vier verschiedene Möglichkeiten der Konfliktlösung.

(1) Der ›**Nürnberger Anstand**‹ **(vom 15. Juli 1532)** etwa, schon seiner frühneuhochdeutschen Bezeichnung nach als ›Waffenstillstand‹ bzw. als ›Aufschub der Zwangsvollstreckung eines Gerichtsurteils‹ zu erkennen, bekannte sich ausdrücklich zur, wenngleich nur vorübergehenden **Einfrierung des religionspolitischen Status quo** bis hin zu einem allgemeinen, freien und christlichen Konzil bzw. einem ordentlichen Reichstag in nämlicher Sache. Der labile juristische Kompromisscharakter dieses Beschlusses mag unübersehbar sein: Denn schließlich gelang es den protestantischen Reichsständen mitnichten, ihre Maximalforderung der selbständigen reichsständischen Konfessionswahl durchzusetzen; umgekehrt aber rangen sie Kaiser Karl V. und den altgläubigen Reichsständen das implizite Eingeständnis ab, protestantische Reformationsbestrebungen nicht

---

[150] Horst JESSE: Die Entwicklung zum Religionsfrieden von Augsburg 1555 (Anm. 143), S. 22.

länger per se mit Landfriedensbruch zu identifizieren. Dass infolge dessen jedoch plötzlich die Gültigkeit des (kirchlichen) kanonischen Rechts als (staatlich) fundamentales Reichsrecht grundsätzlich in Frage stand, konnte keinem aufmerksamen Beobachter entgehen. Zwar suchte Kaiser Karl V. besagten Eindruck mit Hilfe juristischer Spitzfindigkeit – so vermied er die Aufnahme des ›Nürnberger Anstands‹ (von 1532) in den nur wenige Tage später (am 27. Juli 1532) verkündeten ›Reichsabschied‹ von Regensburg und untersagte zudem die Publikation des ›Nürnberger Anstandes‹ in Druck oder Abschrift – neuerlich zu korrigieren; nichtsdestoweniger war (wenigstens der subjektiven protestantischen Rechtsmeinung nach) ein erster Schritt getan: »Das Jahr 1532 bezeichnet reichsreligionsrechtlich gesehen eine Epoche, die Grenzscheide zwischen ›Mittelalter‹ und ›Neuzeit‹, indem ipso facto der Anfang für ein ›konfessionell neutrales Kirchenrecht‹ gemacht wurde.«[151]

(2) Besagtes Zugeständnis Kaiser Karls V. verprellte nicht nur so manchen altgläubigen Territorialherren, der seine materiellen und jurisdiktionellen Besitzstände gefährdet sah; sie minderte auch die Bereitschaft protestantischer Reichsstände zu substantiellen Zugeständnissen. Die für das Haus Habsburg außenpolitisch äußerst angespannte Lage der mittelbaren Zukunft tat ein Übriges: Der **›Frankfurter Anstand‹ (des Jahres 1539) und die Religionsgespräche der Jahre 1540/41** bewiesen, dass beträchtliche Positionsannäherungen beider Parteien in theologischer Hinsicht politisch so wenig weiter halfen wie geheim gehaltene Ergebnisse paritätisch besetzter Expertenkommissionen. Am Ende kam doch nur wieder eine, diesmal freilich dem ›Regensburger Reichabschied‹ (vom 29. Juli 1541) rechtlich bindend integrierte Verlängerung des ›Nürnberger Anstandes‹ (von 1532) um 18 Monate zustande; ferner wurde den protestantischen Reichsständen ein Präsentationsrecht für Beisitzer des reichsreligionsrechtlich zuständigen ›Reichskammergerichts‹ konzediert. Damit war ein weiterer Schritt in Richtung reichsrechtlicher ›Bikonfessionalität‹ vollzogen. Alle Bemühungen um einen religiös-theologischen und / oder religionspolitisch einenden Interessenausgleich schienen endgültig gescheitert, ohne dass alt- oder neugläubige Partei das unbefragte Prinzip religiöser und / oder religionspolitischer Uniformität des ›Heiligen Römischen Reiches deutscher Nation‹ zur Disposition stellen konnten oder wollten. Der gegenseitige Unmut wuchs: Beklagte die eine (altgläubige) Seite permanente Verstöße gegen die Regeln des ›Nürnberger Anstandes‹ und seiner Folgeverordnungen, so die andere (protestantische) Seite nicht hinnehmbare Behinderung der freien Konfessionswahl (aus dem Widerstandsrecht reichsständischer Gewissensnot). Der ›Speyerer Reichstagsabschied‹ (vom 10. Juni 1544) beschwor – mit ›Normaljahr‹ 1541– den Status quo ein letztes Mal: »Die Eindeutigkeit der konfessionellen Ausrichtung des Reichsrechts (die sowohl für die katholischen Mehrheitsbeschlüsse wie für die Akte des evangelischen Widerstandsrechts kennzeichnend war), verlor sich mehr und mehr, d. h.

---

[151] Konrad REPGEN: Die römische Kurie und der Westfälische Friede. Idee und Wirklichkeit des Papsttums im 16. und 17. Jahrhundert. Bd. 1.1. Tübingen 1962, S. 41.

sie wurde einstweilen suspendiert.«[152] Dem Abbau gegenseitigen Misstrauens diente die vorläufige Sanktionierung zweier kirchlich-politischer Ordnungssysteme freilich nicht. Im Gegenteil: Einmal mehr trog der formaljuristisch erweckte Anschein politisch entschärfter Konfrontationen. Die friedlichen Optionen zur Lösung des Religionskonflikts schwanden nämlich in genau dem Maße dahin, in dem deren politische Konkretionen offenkundig auf der Stelle traten. Angeblich alles entscheidende, in Wahrheit freilich alle erschöpfende Waffengänge standen unmittelbar bevor.

(3) Die folgenden ›**Religionskriege**‹ **der Jahre 1546/47 (**›**Schmalkaldischer Krieg**‹**) und 1552 (Kriegszug des protestantischen Fürstenbundes durch Süddeutschland)** brachten keine militärische Entscheidung; vielmehr profilierten sie den selbstverständlich beiderseits propagierten Kampf zur Überwindung des so genannten ›Zwyspalts der Religion‹ immer deutlicher als eine Auseinandersetzung zwischen Territorial- und Zentralgewalt. Bestimmt den ersten Kriegszug die spanische Soldateska der habsburgischen Zentralgewalt Kaisers Karl V., so gewinnen französische Finanzmittel dem protestantischen Fürstenbund unter Kurfürst Moritz von Sachsen (1521 – 1553; Kurfürst seit 1547) die Kampagne des Jahres 1552. Erst im letzten Moment konnte Karl V. aus der Kaiserstadt Innsbruck entkommen, bevor Moritz von Sachsen (am 25. Mai 1552) an der Spitze seines Heeres dort einzog. Damit war ein letzter Versuch der Zentralgewalt gescheitert, mit dem ›**Augsburger Interim**‹ **(vom 15. Mai 1548)** eine religionstheologische und religionspolitische Zwangseinung der alt- wie neugläubigen Territorien des ›Heiligen‹ Römischen Reiches deutscher Nation‹ durchzusetzen. Das ›Augsburger Interim‹, von Philipp Melanchthon nicht ganz zu Unrecht als ›Augsburger Sphinx‹ apostrophiert und vom Kaiser nach seinem glänzenden militärischen Sieg ohne Papst und Konzil, dafür aber über einen Religionsvergleich am ›grünen Tisch‹ (zwischen protestantischen und altgläubigen Theologen) durchgesetzt, proklamierte in 26 Glaubensartikeln die Glaubensanschauung der Großkirche untermischt mit einigen markanten, freilich theologisch vergleichsweise belanglosen Zugeständnissen (Gewährung des Laienkelchs, Erlaubnis der Priesterehe u. a.). Dafür wurde den protestantischen Reichsständen die Anerkennung der bischöflichen Jurisdiktion, der Sakramente und Messen, der Fastentage, Feiertage und Heiligenverehrung abgenötigt.[153] Mit gewissen Widerständen mochte die kaiserliche Zentralgewalt deshalb durchaus

---

[152] Martin HECKEL: Deutschland im konfessionellen Zeitalter (Deutsche Geschichte. Hg. Joachim Leuschner. Bd. 5). 2. Aufl. Göttingen 2001, S. 37.

[153] Vgl. zum ›Augsburger Interim‹ etwa Horst RABE: Reichsbund und Interim. Die Verfassungs- und Religionspolitik Karls V. und der Reichstag von Augsburg 1547/48. Köln u. a. 1971; Herbert SOWADE: Das Augsburger Interim. Das kaiserliche Religionsgesetz von 1548 in seinen politischen und theologischen Relevanz für die Einung der Christen. Diss. Münster 1977; Heinz SCHEIBLE: Das Augsburger Interim und die evangelischen Kirchen. In: Heimatkundliche Blätter für den Kreis Biberach 21 (1998), S. 3-13; Horst RABE: Zur Entstehung des Augsburger Interims 1547/48 (Anm. 143). – Eine zweisprachige Textausgabe bietet: Das Augsburger Interim. Nach den Reichstagsakten deutsch und lateinisch (Texte zur Geschichte der evangelischen Theologie 3). Hg. Joachim MEHLHAUSEN. 2. Aufl. Neukirchen-Vluyn 1996.

gerechnet haben; eine zunehmend geschlossene Ablehnungsfront der überwiegenden Mehrheit alt- wie neugläubiger Reichstände jedenfalls war nicht erwartet worden. Von der beginnenden Konfessionalisierung profitierten eben alle Landesherren! Konsequenterweise verweigerten viele altgläubige Territorialfürsten (wie etwa der Augsburger Bischof Otto Truchsess von Waldburg, 1514 – 1573; Bischof seit 1543) dort jedes Zugeständnis, wo ihre protestantischen Pendants (mit der Stadt Magdeburg als Widerstandszentrum) offen oder verdeckt gegen die Zumutungen jener ›Augsburger Sphinx‹ vorzugehen versuchen.[154] Das Ergebnis der mehrjährigen Auseinandersetzung zeigt sich geradezu exemplarisch am Beispiel der Reichsstadt Augsburg: »Durch die kaiserlichen religiösen Einigungsbemühungen sind nun drei Glaubensmeinungen in der Stadt: die protestantische, die päpstliche und die interimistische. Der Kaiser hat die Mentalität der Bevölkerung falsch eingeschätzt.«[155] Der militärische Gegenschlag des protestantischen Fürstenbundes im Frühjahr 1552 entzog dem Theologiediktat des Jahres 1548 eigentlich nur noch seine politische Grundlage.

(4) Gleichwohl gestaltete sich die Lage im ›Heiligen Römischen Reich deutscher Nation‹ nach der überstürzten Flucht des Kaisers aus seiner Residenzstadt Innsbruck durchaus prekär. Religionspolitisches Kapital vermochten selbst die protestantischen Sieger nicht aus ihrer momentanen Präponderanz zu schlagen. Karls Bruder Ferdinand (geb. 1503), seit 1531 gewählter Römischer König und später – Jahre nach dessen freiwilliger Abdankung (1556) – Karls Nachfolger im Amt des Kaisers (1558 – 1564), bemühte sich deshalb als Vermittler.[156] Im ›Passauer Vertrag‹ (von 1552),[157] von Ferdinands Bruder Karl V. nur unter schwersten Bedenken akzeptiert, gelang ihm der Abschluss eines Vergleichs zwischen alt- und neugläubiger Parteiung, der in seinen Hauptbestandteilen so gut auf den ›Nürnberger Anstand‹ (von 1532) und dessen Konkretion im ›Speyerer Reichstagsabschied‹ (von 1544) zurückgriff, wie er auf den ›Augsburger Religionsfrieden‹ (des Jahres 1555) voraus weist. »Der am 2. August 1552 in Passau unterzeichnete Vertrag signalisierte (...) ein grundsätzliches Umdenken in der seit drei Jahrzehnten bestehenden Religionsfrage: Wurde bisher stets von der ›christlichen Vereinigung‹ als Voraussetzung für die Wiederherstellung von Frieden und Recht im Heiligen Römischen Recht ausgegangen, was nur jeweils

---

[154] Siehe zu diesen Auseinandersetzungen etwa die Quellensammlung von Ruth KASTNER: Der Kampf um das Augsburger Interim 1548. In: Dies. (Hg.): Quellen zur Reformation (Ausgewählte Quellen zur deutschen Geschichte der Neuzeit 16). Darmstadt 1994, S. 447-486. – Vgl. außerdem Thomas KAUFMANN: Magdeburgs ›Herrgotts Kanzlei‹ im Kampf gegen das Interim. In: Niedersächsisches Jahrbuch für Landesgeschichte 75 (2003), S. 53-70; Horst RABE: Die geistlichen Reichsstände und das Augsburger Interim 1548-1551. In: Jörg Engelbrecht (Hg.): Landes- und Reichsgeschichte. FS Hansgeorg Molitor. Bielefeld 2004, S. 65-95.

[155] Horst JESSE: Die Entwicklung zum Religionsfrieden von Augsburg 1555 (Anm. 143), S. 35.

[156] Vgl. hierzu v. a. Ernst LAUBACH: Ferdinand und der Augsburger Religionsfrieden. In: Ders.: Ferdinand I. als Kaiser. Politik und Herrscherauffassung des Nachfolgers Karls V. Münster 2001, S. 29-139.

[157] Vgl. hierzu die in Anm. 143 genannten Forschungsbeiträge.

zeitlich begrenzte Religionsfrieden zuließ, so wurde nunmehr die Aufrichtung, Gewährleistung und reichsrechtliche Verbindlichkeit von Frieden und Recht als Voraussetzung für einen immerwährenden Religionsfrieden gesehen. (...) Der Friede hatte den Vorrang vor der Einheit gewonnen, indem das Recht das Bestehende – Altes und Neues – gleichermaßen schützte. Hinfort war Verstoß gegen den reichsgrundgesetzlichen Religionsfrieden Landfriedensbruch, nicht mehr die Reformation an sich.«[158] Der ›Augsburger Religionsfrieden‹ (von 1555) – implizit und theoretisch nach wie vor befristet bis zur endlichen Wiedervereinigung der beiden beteiligten Konfessionen, explizit und praktisch aber auf ›immerwährende‹ Dauer gestellt – zog lediglich die politischen (damals eben dringend nötigen, nicht plötzlich möglichen) Konsequenzen aus besagter Weichenstellung: Gewaltverbot und Justizialisierung des Glaubenskonflikts, Reformationsrecht (›Ius reformandi‹) und Geistlicher Vorbehalt (›Reservatum ecclesiasticum‹), König Ferdinands Konzession (›Declaratio Ferdinandea‹) und Auswanderungszugeständnis (›Beneficium emigrandi‹) sowie eine reichsstädtische Konfessionsstandswahrung regelten – immer unter dem Generalvorbehalt ›biß zu endlicher Vergleichung der Religion‹ – die schon vor 1555 beschleunigt bikonfessionelle Existenz (nicht Ko-Existenz) der verschiedenen Territorien des ›Heiligen Römischen Reiches deutscher Nation‹. Wenigstens vorläufig hatte die friedliche Option mit Hilfe einer flexibel gehandhabten Justiz über die militärische Option (und ihre Tendenz zur Internationalisierung einschlägiger Konflikte) gesiegt: Auf das Theologiediktat des ›Augsburger Interims‹ (von 1548) folgt mit dem ›Augsburger Religionsfrieden (von 1555) der Theologieverzicht. Um es in die Worte einer gern zitierten Formel zu kleiden: ›Religion-Fried non est res spiritualis, sed politica et secularis.‹[159]

Zu Recht wurde wiederholt und zuletzt von Claus-Jürgen Roepke (im Anschluss an Gerhard Ritter) auf ein entscheidendes Verdienst des ›Augsburger Religionsfriedens‹ (von 1555) hingewiesen: »Die Epoche vom Passauer Vertrag bis zum Ausbruch des Dreißigjährigen Krieges 1618 ist die längste Friedensperiode, die Deutschland als Ganzes bisher erlebt hat.«[160] Und tatsächlich führten sämtliche Phasen des früheren Ereignishorizontes ›Augsburger Religionsfriede‹ – Ketzerrechts-Phase *(1)*, Religionsdialog-Phase *(2)*, Interims-Phase *(3)*, Vertragsabschluss-Phase *(4)* – in mühsam errungenen Fortschritten hin zu einer wenigstens oberflächlichen Pazifizierung des reichs- und territorialspezifischen Glaubensstreites. Freilich will auch die andere Seite der Medaille betrachtet sein: Der ›Augsburger Religionsfrieden‹ (von 1555) als nötig gewordener Interessenausgleich zwischen alt- und neugläubiger Partei barg aufgrund seiner zahlreichen, juristisch um des unabdingbaren Waffenfriedens willen bewusst in Kauf genommenen Unschärfen eben jene Keime in sich, die ihn schließlich für die schrecklichen Jahre des Dreißigjährigen Krieges außer Kraft setzen sollten:

---

[158] Helmut NEUHAUS: Der Passauer Vertrag und die Entwicklung des Reichsreligionsrechts (Anm. 143), S.764 f.

[159] Besagte Formel ziert auch den Umschlag des Ausstellungskataloges zum Jubiläum des Jahres 2005; vgl. Carl A. HOFFMANN u. a. (Hg.): Als Frieden möglich war (Anm. 142).

[160] Claus-Jürgen ROEPKE: Zum Geleit. 1555-2005. Ein ambivalentes Jubiläum (Anm. 138), S. 9.

»(D)er erste Religionsfrieden (hat) nicht nur nicht gehalten, sondern der Streit um die richtige Auslegung des Friedens hat selbst dazu beigetragen, einen neuen Krieg heraufzubeschwören.«[161] Spätestens während der 1580er Jahre sollten sich Glaubenskonflikte ernsthaft zuspitzen und mit dem ›Jülicher Erbfolgestreit‹ (von 1609/10) war die Ausgangs-Schwelle des Ereignishorizontes ›Augsburger Religionsfriede‹ überschritten; seither standen die Zeichen unmissverständlich auf Krieg. »Es wiederholte sich die Entwicklung der Jahre 1546 – 1552 in größerem Rahmen.«[162] Ereignisse um den (vom zuständigen Reichskammergericht verurteilten, da durch den ›Augsburger Religionsfrieden‹ nicht gedeckten) Calvinisierungs-Prozess der Reichsstadt Aachen bildeten 1598 das viel beachtete Fanal: Eine doppelte, zunächst friedliche, dann aber denkbar blutige Reichsexekution der Gerichtsbeschlüsse durch spanische Truppen des Erzbischofs von Köln (Ernst von Bayern, 1554 – 1612; Erzbischof von Köln seit 1583) brachte die Rekatholisierung des Aachener Rates im Sinne des Augsburger Vertragswerkes auf den Weg.[163] Noch 1561 hatte sich angesichts eines weit eklatanteren Falls – Bischof Eberhard II. von Holle (1531 – 1586; Bischof seit 1561) sorgte mit Hilfe diplomatischer Finten für die Protestantisierung seines bis dahin katholischen Bistums Lübeck – niemand für die militärische Durchsetzung des so genannten ›Geistlichen Vorbehaltes‹ (›Reservatum ecclesiasticum‹) gewinnen lassen.[164]

So sollten den Friedensfürsten der Reformationszeit die Kriegsherren des 17. Jahrhunderts folgen; und das vorübergehende Scharmützel von einst mutierte zum andauernden Kriegszustand paneuropäischen Ausmaßes. »In der Zeit zwischen 1555 und dem Beginn des Dreißigjährigen Krieges 1618 lässt sich eine Veränderung im Umgang mit religiös motivierten Konflikten im Alten Reich

---

[161] Johannes BURKHARDT: Das größte Friedenswerk der Neuzeit. Der Westfälische Friede in neuer Perspektive. In: Geschichte in Wissenschaft und Unterricht 49 (1998), S. 592-612; hier: S. 605. Ganz ähnlich urteilt Horst RABE: Der Augsburger Religionsfrieden. In: Paul Burgard (Hg.): Die Frühe Neuzeit. Ein Lesebuch zur deutschen Geschichte 1500-1815. München 1997, S. 84-90; hier: S. 84f. (»Langfristig wurden seine Prinzipien zu Grundbestandteilen der politischen Ordnung des alten Reichs; seine Fernwirkungen reichen überhaupt bis in die Gegenwart. Das ist umso erstaunlicher, als der Religionsfriede ein nicht nur mühsam errungener, sondern auch sehr fragmentarischer Kompromiß voll tiefer innerer Spannungen war, aus denen denn auch sehr bald neue, jahrzehntelange Auseinandersetzungen erwuchsen – bis hin zum Dreißigjährigen Krieg. Daß man nach den furchtbaren Erschütterungen des großen Kriegs im Westfälischen Frieden von 1648 dann doch wieder zu den Grundsätzen des Religionsfriedens zurückkehrte, ist vielleicht ein deutlicher Hinweis darauf, daß die Ordnung von 1555 trotz ihrer unleugbaren Schwächen und Inkonsequenzen doch eine langfristig tragfähige, vielleicht überhaupt die einzig mögliche Pazifizierung des Glaubensstreits in Deutschland darstellte.«)
[162] Gerhard OESTREICH: Verfassungsgeschichte vom Ende des Mittelalters bis zum Ende des alten Reiches. In: Herbert Grundmann (Hg.): Handbuch der deutschen Geschichte. Bd. 2. Stuttgart 1970, S. 360-436; hier: S. 376.
[163] Siehe hierzu die Zusammenfassung bei Axel GOTTHARD: Der Augsburger Religionsfrieden (Anm. 125), S. 400 f.; vgl. außerdem Walter SCHMITZ: Verfassung und Bekenntnis. Die Aachener Wirren im Spiegel der kaiserlichen Politik (1550-1616). Frankfurt/M. 1983.
[164] Vgl. etwa Walter SCHÄFER: Eberhard von Holle. Bischof und Reformator (Jahrbuch der Gesellschaft für Niedersächsische Kirchengeschichte 65. Beih.). Verden 1967.

erkennen. Die Fürsten, die den Schmalkaldischen Krieg erlebt, den Augsburger Religionsfrieden mitgestaltet oder dessen Entstehen noch bewusst miterlebt hatten, gehörten zu einer Generation, die wegen religiöser Auseinandersetzungen allenfalls noch die juristische Klinge kreuzen wollten. Ihre Zielvorstellungen waren geprägt im Innern durch die Symbiose von frühmoderner Staatlichkeit und geschlossener Konfessionalität, nach außen durch eine kompromißgeprägte Politik der Status-quo-Sicherung im Reich. (...) Die 1580er-Jahre sahen eine neue Generation von Fürsten, die nicht mehr den Frieden im Reich an oberste Stelle stellten.«[165]

Offenkundig war das Homogenitäts- und Totalitätsdenken in den damals zeitgenössischen Kategorien von heilsamer ›concordia‹ (Eintracht) und verderblicher ›discordia‹ (Zwietracht) den mentalitäts- und verfassungsgeschichtlichen Diversifizierungsprozessen des 16. Jahrhunderts zum Trotz ungebrochen lebendig geblieben. Von der Ausgangs-Schwelle des Ereignishorizontes ›Augsburger Religionsfriede‹ her offenbart sich demnach (um 1600) dessen eigentlicher Charakter als überaus brüchiges, da der schieren ökonomischen und militärischen Not geschuldetes Vertragswerk: 1555 hatte man sich lediglich vorläufig arrangiert, nicht endgültig geeinigt! Weil wie sämtliche ›Anstände‹ (Waffenstillstände) zuvor vom machtpolitischen Kalkül bestimmt, wurde auch der ›Augsburger Religionsfriede‹ (des Jahres 1555) im Nachhinein von beiden Parteien nicht auf der Haben-, sondern auf der Sollseite verbucht. Dass die 1555 majorisiert ausgegrenzten Konfessionen (wie insbesondere der reichsweit aufstrebende Calvinismus) das Augsburger Vertragswerk nahezu notgedrungen bekämpfen mussten, versteht sich dabei quasi von selbst. Den interkonfessionellen Wettstreit half der ›Augsburger Religionsfriede‹ nicht etwa beizulegen; aus chronologisch späterer Perspektive betrachtet, hatte er ihn sogar nachgerade entfacht. »Die Konfessionsparteien kämpften nicht wirklich um Rechtspositionen, sondern im Dienste der von ihnen exklusiv besessenen universalen Wahrheit, sie kämpften für Seelen (...) im Medium einer Auslegung der Augsburger Ordnung (...).«[166] Oder im Sinne moderner Terminologie ausgedrückt: Wo die eine (römisch-katholische) Seite in Zukunft für eine *Rückkehr-Ökumene* eintreten sollte, da warb die andere (evangelisch-lutherische) Seite stets für eine *Abkehr-Ökumene*. Dass infolge dessen beide Seiten über Jahrhunderte hinweg einem ontologischen (absoluten) Begriff christlicher Glaubenswahrheit verpflichtet blieben statt sich einem eschatologischen (end-gültigen) Verständnis der Geschichte des (dreieinen) Gottes mit seiner / seinen Kirche(n) zu öffnen, blieb praktisch und epistemologisch unbemerkt, der Weg zu einer dementsprechenden *Differenz-Ökumene* unbegangen. Vielleicht gehört es dennoch (oder gerade deshalb) zu den größten Leistun-

---

[165] Carl A. HOFFMANN: Der Augsburger Religionsfrieden (Anm. 125), S. 227 f.; siehe auch Manfred RUDERSDORF: Die Generation der lutherischen Landesväter im Reich. Bausteine zu einer Typologie des deutschen Reformationsfürsten. In: Anton Schindling / Walter Ziegler (Hg.): Die Territorien des Reichs im Zeitalter der Reformation und der Konfessionalisierung. Bd. 7: Bilanz, Forschungsperspektiven, Register. Münster 1997, S. 137-170; Thomas KAUFMANN: Komparatistische Reformations- und Konfessionsgeschichte Deutschlands 1500-1650. In: Historisches Jahrbuch 121 (2001), S. 431-470.

[166] Axel GOTTHARD: Der Augsburger Religionsfrieden (Anm. 125), S. 584.

gen des ›Augsburger Religionsfriedens‹ (von 1555), neben einigem Bestimmten und noch mehr Unbestimmten – seinem Vertragswerk unbewusst Bestimmtes eingeschrieben zu haben: nämlich die unbeabsichtigte Modellhaftigkeit gelebter Ökumenefähigkeit in gewissen reichsfreien Städten. Oder noch einmal anders gewendet: Als der (Religions-) Friede nötig geworden war, musste so mancher Orts plötzlich Differenz-Ökumene sein!

2.2 Das Ereignis selbst: Der Abschluss des ›Augsburger Religionsfriedens‹ 1555 – Bestimmtes, Unbestimmtes und unbewusst Bestimmtes.

Im Unterschied zur komplizierten Gemengelage (religions-) politischer Interessen innerhalb des Ereignishorizontes ›Augsburger Religionsfriede‹ (zwischen 1495 und 1600), erschließen sich die konkreten Bestimmungen des am 25. September 1555 veröffentlichten Vertragswerkes[167] relativ leicht. Weil notdiktiertes Produkt eines diplomatischen Tauziehens voller juristischer Raffinessen, stecken die Probleme im späteren Umgang mit dem Augsburger Friedensschluss daher eher im Unbestimmten mehrdeutig verschliffener – dem Sprachgebrauch der Zeit zufolge ›dissimulierter‹ oder ›generalisierter‹ – Formulierungen. Und rezeptionsgeschichtlich am bedeutsamsten scheint ohnehin das unbewusst Bestimmte: eben jener genannte Freiraum für die ersten Ansätze (reichsstädtisch praktizierbarer) Differenz-Ökumene.

Im Einzelnen weist der Text des ›Augsburger Religionsfriedens‹ (von 1555) acht wesentliche Bestimmungen konkreten Inhaltes auf:

(1) In Fortschreibung des ›Ewigen Reichslandfriedens‹ (von 1495) und trotz seines gängigen Epithetons ›ewig / immerwährend‹ begriffen die Architekten des Religionsfriedens diesen selbst lediglich als ein **Vertragswerk vorläufig unbefristeter Dauer.** Er stand dabei nicht nur unter einem so genannten ›Generalvorbehalt‹ in zeitlicher Hinsicht *(»biß zu Christlicher freundlicher und endlicher Vergleichung der Religion und Glaubenssachen«[168]);* weil einzig auf das friedliche konfessionelle Nebeneinander von römisch-katholischer und evangelisch-lutherischer Partei bedacht, unterlag das Vertragswerk auch einem inhaltlichen Vorbehalt: Andere christliche Gemeinschaften (wie insbesondere Täufer oder Calvinisten), die sich nicht dem traditionellen Glaubensbekenntnis oder der ›Confessio Augustana‹ (von 1530) verpflichtet fühlen wollten, wurden von den Errungenschaften des Vertragswerkes ausdrücklich ausgeschlossen. Besagte ›Majorisierungs-Klausel‹ *(»Doch sollen alle andere, so obgemelten bede Religionen nit anhängig, in diesem Frieden nit gemeint, sondern genzlich ausgeschlossen sein.«[169])* unterwarf – wenigstens juristisch – einschlägige Minderhei-

---

[167] Den historisch-kritisch aufbereiteten Text bietet: Der Augsburger Religionsfriede vom 25. September 1555 (Anm. 122). – Gute Zusammenfassungen des Inhalte des Vertragswerkes finden sich bei Martin HECKEL: Deutschland im konfessionellen Zeitalter (Anm. 152); Axel GOTTHARD: Der Augsburger Religionsfrieden (Anm. 125), S. 63-170; Axel GOTTHARD: Der Reichstag. In: Carl A. Hoffmann u. a. (Hg.): Als Frieden möglich war (Anm. 142), S. 84-88.

[168] Der Augsburger Religionsfriede vom 25. September 1555 (Anm. 122). Art. 12, S. 47.

[169] Der Augsburger Religionsfriede vom 25. September 1555 (Anm. 122). Art. 5, S. 38 f.

ten dem nach wie vor in Geltung stehenden, kirchlich und staatlich gleichermaßen abgesicherten Ketzerrecht.

(2) Ungeachtet seiner irreführenden Bezeichnung als ›Augsburger Religionsfriede‹ bedeutete der Abschluss des Vertragswerkes zwischen den majorisierten Parteien lediglich eine politische Friedensgarantie auf juristischer Basis; es wollte weder die theologische Auseinandersetzung der Folgezeit einschränken oder gar unterbinden noch den – bereits erwähnten – Anspruch auf einen Besitz absoluter Glaubenswahrheit irgendwie in Frage stellen: Auf das **unumschränkte Gewaltverbot** hoben die Architekten des Augsburger Vertragswerkes ab, nicht auf ein religiöses oder religionspolitisches Streitverbot! Mit anderen Worten: Territoriale Teilstaaten (Fürsten, Landesherren, Stände) und imperiale Reichsmacht verkündeten lediglich ihre vorläufige Neutralitätsabsicht in Sachen ›Religion‹ bei gleichzeitiger Fortgeltung der Idee einer ›Germania sacra‹.[170] Demzufolge blieb der Kaiser ›advocatus ecclesiae‹, das kirchliche Kanonische Recht Teil des staatlichen Reichsrechts, die Einheit des göttlichen und menschlichen Rechts sowie konsequenterweise die göttliche Legitimation allen Rechts gewahrt. Mochten die traditionellen Bindungen demzufolge auch durchbrochen sein, aufgehoben waren sie mitnichten!

(3) Besagtem Zweck galt die **Justizialisierung des Glaubenskonflikts**. Entsprechende Beschwerden (›Gravamina‹) sollten fürderhin vor dem kaiserlichen Reichskammergericht in Wien einer friedlichen Konfliktlösung zugeführt werden.

(4) Im Gegenzug erhielt jeder weltliche Territorialfürst des Reichsverbandes (Landesherr) eine reichsrechtlich verbindliche Absicherung seiner persönlichen Freiheiten, Güter und Herrschaftsrechte gegenüber jedweder Beeinträchtigung aus bloßen Konfessionsgründen zugebilligt. Dieses so genannte ›**Ius reformandi**‹ (Konfessionalisierungs-Recht) etablierte notwendigerweise ein territorialstaatliches Zwangskirchentum, für das erst viel später die bekannte Rechtsformel ›Cuius regio, eius religio‹ in Gebrauch kam; Reichsstände protestantischer Konfession waren infolgedessen von der geistlichen Gerichtsbarkeit vorläufig ausgenommen (›suspendiert‹).

(5) Anders als die weltlichen Territorialherren blieben ihre geistlichen Pendants gestellt. Vermittels eines so genannten ›**Geistlichen Vorbehalts**‹ (›Reservatum ecclesiasticum‹) blieb altgläubigen Fürstbischöfen und Fürstäbten das territoriale ›Ius reformandi‹ verwehrt. Lediglich die persönliche Konversion blieb gestattet, ging jedoch automatisch mit dem umfassenden Verlust ihrer Kirchenämter und Pfründe, Reichslehen und Territorialherrschaften einher. Diese Bestimmung fand auf evangelisch-lutherischer Verhandlungsseite zwar niemals offizielle Anerkennung, konnte aber dem Augsburger Vertragswerk kraft kaiserlicher Vollmacht des katholischen Verhandlungsführers (König Ferdinand) integ-

---

[170] Siehe hierzu etwa Franz BRENDLE / Anton SCHINDLING: Der Augsburger Religionsfrieden und die Germania sacra. In: Carl A. Hoffmann u. a. (Hg.): Als Frieden möglich war (Anm. 142), S. 104-118.

riert werden, nachdem dieser der protestantischen Seite eine geheime Nebenabmachung eingeräumt hatte.

(6) Besagte Nebenabmachung garantierte innerhalb der geistlichen Fürstentümer dem niederen Adel und nicht reichsfreien Städten, welche bereits der ›Confessio Augustana‹ (von 1530) angehörten, ihren Bekenntnis- und Besitzstand. Dieser so genannten ›**Konzession König Ferdinands**‹ (›Declaratio Ferdinandea‹) wiederum verweigerten die geistlichen Territorialherren ihre ausdrückliche Zustimmung; erst am Vorabend der Veröffentlichung des Augsburger Vertragswerkes gelang deren Verpflichtung auf die ›Declaratio‹ vermittels einer (dissimulierenden) Formulierung: Demzufolge erklärten die geistlichen Reichsstände ihre Zustimmung unter der Voraussetzung, dass sie nicht zustimmen müssten! Dass ›Geistlicher Vorbehalt‹ und die ›Konzession König Ferdinands‹ erheblichen Konfliktstoff bergen mussten, lag – übrigens auch für die Architekten des Augsburger Vertragswerks – auf der Hand. Politische Not und juristische Raffinesse machten sie schlichtweg erfinderisch!

(7) Diese Behauptung gilt übrigens auch hinsichtlich des so genannten ›**Auswanderungs-Zugeständnisses**‹ (›Beneficium emigrandi‹) für anderskonfessionelle Untertanen eines alt- oder neugläubigen Territorialfürsten. Besagte Rechtsbestimmung – sie enthielt eine (durch finanzielle Abfindung bzw. Ablösung gesicherte) Auswanderungsmöglichkeit selbst im Falle persönlicher Unfreiheit – krankte an zwei Punkten: Weder sicherte sie das Vermögen der Mitglieder vertraglich ausgegrenzter Glaubensgemeinschaften noch stellte sie ein eigentliches Rechtsgut dar; durch die Formulierung ›beneficium‹ (Wohltat) statt ›ius‹ (Recht) schien letzteres zwar juristisch deutlich abgegrenzt, dem subjektiven Rechtsempfinden beider Seiten aber räumte es immerhin soviel Spielraum ein, dass die protestantische Seite dort von einem Bleiberecht ausging, wo ihr katholisches Pendant ein Ausweiserecht meinte geltend machen zu können. Mit persönlicher Gewissensfreiheit (im Sinne eines Martin Luther) oder bürgerlicher Entscheidungsfreiheit (im Sinne der Aufklärung) hatte das ›Beneficium emigrandi‹ dabei weder intentional etwas gemein noch wurde von Zeitgenossen damit argumentiert.

(8) Demgegenüber stellte die **Garantie des Konfessionsstandes für jene reichsfreien Städte** (wie etwa Augsburg), **die im Normaljahr 1555 bereits Angehörige beider Konfessionen beherbergten,** eine sichtliche Verlegenheitslösung der Architekten des ›Augsburger Religionsfriedens‹ (von 1555) dar. König Ferdinand begründete sie reichlich umständlich mit dem Grundprinzip stadtbürgerlicher (nicht: bürgerlicher) Freiheit, *»weil doch gleich über seinesgleichen keinen gewalt hat«.*[171] Beabsichtigt war aller Wahrscheinlichkeit nach der Schutz katholischer Reichsstadtminderheiten sowie ihrer im Zuge des ›Augsburger Interims‹ (von 1548) zurück gewonnenen Kirchen und Güter. Der differenz-ökumenische Synergieeffekt besagter Vertragsklausel hingegen schien aller Wahrscheinlichkeit nach nicht gewollt; gleichwohl trug auf diese Weise selbst

---

[171] Der Augsburger Religionsfriede vom 25. September 1555 (Anm. 122). Komm. Art. 14, S. 49.

das gescheiterte theologische Interim seinen Teil zu jenem Artikel des historischen Rechtsfriedens bei, der sich als zukunftsträchtigster erweisen sollte. Der fragmentarische Kompromisscharakter dieses hochfragilen Vertragswerkes entging im Grunde genommen keinem interessierten oder betroffenen Zeitgenossen; auch sämtliche Architekten des ›Augsburger Religionsfriedens‹ (von 1555) gaben sich keinerlei Illusionen hin.»Dies sollte aber nicht als handwerkliches Ungeschick missverstanden werden; vielmehr konnte in diesen Punkten keine Einigung erzielt werden, niemand wollte aber an ihnen das Vertragswerk scheitern lassen. Allerdings sollte gerade dieses so genannte ›Dissimulieren‹ und diese Flucht in ›Generalitäten‹ die weitere deutsche Geschichte schwer belasten. Zu diesen Unklarheiten und Lücken des Textes gehörten die Rechtsgrundlagen des *ius reformandi,* die Frage der Gültigkeit des Geistlichen Vorbehalts und der Declaratio Ferdinandea, der Umgang mit 1552 noch nicht säkularisiertem Klostergut in protestantischen Gebieten, (...) etc.«[172] Winkeladvokatorische Vorteilsnahmen beider Konfessionen, welchen das zuständige Wiener Reichskammergericht nur ungenügend zu steuern wusste, bildeten die unausbleibliche Folge. Dabei stellte sich das Problem der Verfügungsgewalt über reichsunmittelbares Kirchengut (Pfarr- oder Klostervermögen) auf landesherrlichem Gebiet noch als lässliche Streitfrage heraus. Zum viel dringlicheren Verhandlungsgegenstand avancierte vielmehr das prinzipielle Thema des eigentlichen Rechtscharakters: Handelte es sich bei den Bestimmungen des ›Augsburger Religionsfriedens‹ nun um ein *Fundamentalrecht,* das – gemäß der biblischen Formulierung: »Man muss Gott mehr gehorchen als den Menschen!« (Apg 5,29) – selbst zur Auslegung auf Konfliktfälle berechtigte, wie die evangelisch-lutherische Seite argumentierte? Oder bedeuteten besagte Bestimmungen des ›Augsburger Religionsfriedens‹ – so die römisch-katholische Anschauung – lediglich ein *Notrecht* gemäß der theologisch-scholastischen Lehre vom ›minus malum‹ (dem ›geringeren Übel‹), mithin eine eng begrenzte Ausnahmeregelung gegenüber dem nach wie vor als Reichsrecht erachteten kirchlich-kanonischen Recht? Der ›Augsburger Religionsfrieden‹ selbst blieb darauf die Antwort unumwunden schuldig und paralysierte infolge dessen die zuständige Rechtssprechung mehr und mehr. Verhärteten sich über besagter Rechtslücke jedoch – wie im Laufe der Zeit leider zunehmend – die konfessionellen Fronten unter den paritätisch bestellten Assessoren des Wiener Reichskammergerichts, so hatte die Verkündigung eines Urteils überhaupt zu unterbleiben. Dann obsiegte in der politischen Wirklichkeit für gewöhnlich nicht das ältere Recht, sondern die größere (Militär-) Macht konfligierender Parteien. Zur steigenden Erbitterung beider Seiten begann das Unbestimmte des ›Augsburger Religionsfriedens‹ (von 1555) dessen konkrete Bestimmungen unaufhaltsam zu unterwandern.

---

[172] Carl A. HOFFMANN: Der Augsburger Religionsfrieden (Anm. 125), S. 225 f. Axel GOTTHARD: Der Augsburger Religionsfrieden (Anm. 125), S. 392 nennt fünf hauptsächliche Streitquellen: (1) Landsässige geistliche Güter, (2) Reformationsrecht der Reichsstädte, (3) Geistlicher Vorbehalt, (4) Declaratio Ferdinandea, (5) Anerkennung des Calvinismus. De facto besagt dies nichts anderes, als dass quasi jeder Punkt des Augsburger Vertragswerkes (mit Ausnahme der Gewaltverzichts-Klausel) umstritten blieb!

Die positiven Folgen des konfessionellen Paritätsprinzips in bestimmten Reichsstädten (wie Augsburg) fielen demgegenüber weder sonderlich auf noch irgendwie ins Gewicht. Weil verfassungsrechtlich, wenn auch nicht ökonomisch bedeutungslos, verblasste das mühsam genug ausbalancierte und einigermaßen klar geordnete Nebeneinander der beiden großen Konfessionen in den einschlägigen Kommunen vor den scharfen Konturen der heraufziehenden militärischen Auseinandersetzung beider Seiten bis zur Unkenntlichkeit. Wie gesagt: Einen ausgeprägten Blick für das zunehmende mentalitätsgeschichtliche Diversifizierungstempo trotz fort geltendem Homogenitäts- und Einheitsparadigma besaßen die Zeitgenossen des (engeren und weiteren) Ereignishorizontes ›Augsburger Religionsfriede‹ nicht oder nur in stark eingeschränktem Maße. Ein Vorwurf ist ihnen daraus nicht zu machen: »Gleichwohl wird man die inneren Spannungen und Inkonsequenzen des Religionsfriedens nicht bloß als Resultat kleinlichen Interessengerangels abtun dürfen; im Grunde repräsentierten sie doch sehr bedeutende historische Kräfte, die bruchlos miteinander auszugleichen ein Ding der Unmöglichkeit gewesen wäre. Gemessen an der Größe und Komplexität seiner Aufgabe war der Augsburger Religionsfriede alles in allem doch eine erstaunliche Leistung.«[173]

Von mittelalterlichen Interdikten zu neuzeitlichen Toleranzedikten führte in der Tat ein weiter Weg: Zwischen Mittelalter und Früher Neuzeit durchlief er nacheinander die unterschiedlichsten Stationen; dabei verschoben sich sämtliche Oppositionen äußerst nachhaltig von der kaiserlichen Reichskirche über die spätmittelalterliche Papstkirche hin zur protestantisch (bzw. katholischen) reglementierten Territorialkirche. Und nicht minder wechselten die Kontrahenten: Standen mittelalterliche Päpste zunächst gegen ein sakral begriffenes Kaisertum, so später gegen autarkiebestrebte Regionalmächte und letztendlich sogar gegeneinander. Der konfessionelle Gegensatz brachte den Diversifizierungsprozess schließlich zum vorübergehenden Abschluss: Ihn dominierten nicht länger die Universal- und Zentral-, sondern die Regional- und Territorialgewalten. Feudale Fürstenmacht mit frühabsolutistischen Grundzügen sollte dem Konfessionellen Zeitalter im ›Heiligen Römischen Reich deutscher Nation‹ seine Signatur verleihen; anders gearteten Bestrebungen zentral steuerfähiger oder lokal etablierter Herrschaftsträger blieb hingegen (übrigens nicht nur auf dem Gebiet des Alten Reiches) jeder Erfolg versagt. Wie hätten die Architekten des ›Augsburger Religionsfriedens‹ (von 1555) inmitten besagter Zeitläufte derartige Verlaufsstrukturen des (engeren und weiteren) Ereignishorizontes erkennen sollen, wenn selbst interessegeleitete Deutungen der Gegenwart sie nachhaltig zu ignorieren vermögen?

3. Bedeutung und Deutungshorizonte
3.1. Gängige Deutungen des ›Augsburger Religionsfriedens‹ (von 1555) – Einst und Jetzt.

Wie ungeheuer verschlossen sich die damaligen Zeitgenossen heutigen Fragestellungen gegenüber tatsächlich zeigten, offenbart bereits ein nüchterner Blick

---

[173] Horst RABE: Der Augsburger Religionsfrieden (Anm. 161), S. 90.

auf unmittelbare Reaktionen der (ver-) handelnden Architekten des ›Augsburger Religionsfriedens‹: Ihnen zufolge erzeugten gruppendynamische Prozesse unter steigendem Einigungsdruck ein Friedensresultat, das historisch Gewordenes sowohl fortschrieb als auch innovativ Werdendes in Gang setzte. Spätere Auswirkungen blieben dabei anscheinend so wenig absehbar wie sich zuvor schon die immer hektischer formulierten Verhandlungsergebnisse der letzten Kontrolle beider Seiten entzogen hatten. Rasche Ernüchterung musste folgen: Und tatsächlich berichtete ein Mitglied der protestantischen Verhandlungsdelegation, Herzog Christoph von Württemberg (1515 – 1568; Herzog seit 1550), des Öfteren von unausgesetzten Gewissensbissen seinerseits, weil er das Kriegsmittel nicht bis zur womöglich bitteren, aber unter Umständen erfolgreichen Neige ausgeschöpft hatte.[174] Und bezüglich des katholischen Verhandlungsführers, dem deutschen König und späteren Kaiser Ferdinand I., steht unzweifelhaft fest, dass er eigentlich einem bikonfessionellen ›Modus vivendi‹ (nach Art des ›Augsburger Religionsfriedens‹) von vielleicht längerer Dauer zutiefst ablehnend gegenüber stand und zeitlebens auf religiöse Wiedervereinigung hoffte.[175]

Beide Reichsfürsten sollte ihre Ahnung nicht trügen. Ein eigentlicher Profiteur gemäß der sportlichen Leitfrage mehrerer aktueller wissenschaftlicher Abhandlungen (»Wer hat den nun gewonnen?«[176]) ist so leicht nicht auszumachen. Am ehesten ließe sich besagtes Prädikat wohl noch auf die seit dem ›Augsburger Religionsfrieden‹ (von 1555) deutlich gesteigerte Intensität frühmoderner Landesherrschaft anwenden. Am spezifisch religionspolitischen Profil beider Vertragspartner (zwischen 1555 und 1618) orientiert, fällt eine Antwort hingegen schon beträchtlich schwerer. Wahrscheinlich kommt Axel Gotthard dem historischen Sachverhalt am nächsten, wenn er resümiert: »Die Gewinn und Verlustrechnung führt zu keinen eindeutigen Resultaten.«[177] Zwar hatte die protestantische Seite 1555 eine reichsrechtlich verbindliche Absicherung ihrer Positionen durchsetzen können; andererseits aber bremsten viele vertragsrechtliche Regelungen (wie insbesondere das ›Reservatum ecclesiasticum‹) die Expansion der evangelisch-lutherischen Sache erheblich ein. Bezeichnenderweise stammen die meisten ›Gravamina‹ (Beschwerden) gegen vermeintliche oder tatsächliche Religionsfriedens-Brüche vor dem zuständigen Reichskammergericht von Protestanten; immerhin aber bleiben diese nunmehr wenigstens von der Anwendung des staatlich-kirchlichen Ketzerrechts verschont, was anderen Glaubensgemeinschaften genauso verwehrt bleibt wie das ›Beneficium emigrandi‹. Dass die protestantische Bildungs- und Kirchenorganisation umgekehrt das Kultur-, Sozial- und Glaubensleben in evangelisch-lutherischen Territorien auf Jahrhunderte lang ungekannte Höhen führte, bestritten noch nicht einmal ihre ärgsten konfessionellen Gegenspieler. Allerdings griff seit dem erfolgreichen Abschluss des

---

[174] Vgl. Axel GOTTHARD: Der Augsburger Religionsfrieden (Anm. 125), S. 159; siehe auch Franz BRENDLE: Dynastie, Reich und Reformation. Die württembergischen Herzöge Ulrich und Christoph, die Habsburger und Frankreich. Stuttgart 1998.

[175] Siehe hierzu jetzt Ernst LAUBACH: Ferdinand I. als Kaiser. Politik und Herrschaftsauffassung des Nachfolgers Karls V. Münster 2001.

[176] Vgl. Anm. 8 und die zugehörige Textpassage.

[177] Axel GOTTHARD: Der Augsburger Religionsfrieden (Anm. 125), S. 162.

Trienter Konzils (1545 – 1563), dessen Beschickung sich die protestantische Seite erfolgreich zu entziehen wusste, eine umfassende katholische Reformbestrebung: Neue Ordensgründungen und sozialkaritative Institutionen brachten ebenso wie im Bereich von Dichtung und Wissenschaft beide Konfessionen allmählich auf Augenhöhe; gleichzeitig avancierte das angebliche ›Sündenbabel‹ Rom zu einem frühmodernen Zentrum von Kunst und Spiritualität, die spanische Hauptstadt Madrid zum politischen Mittelpunkt eines zunehmend erstarkenden katholischen Konfessionalismus. Demgegenüber geriet die protestantische Sache mit zunehmender Entdynamisierung des reformatorischen Prozesses unter einigen Zerfaserungsdruck. Ihrer Ausgrenzung durch den ›Augsburger Religionsfrieden‹ (von 1555) zum Trotz stieg die Attraktivität der Reformierten Glaubensgemeinschaft (des Calvinismus) selbst nach Abschluss des lutherischen Konkordienbuches (am 25. Juni 1580) weiter an.[178]

Diese uneinheitliche Gemengelage beförderte zwar einerseits den spirituellen Wettbewerb der Konfessionen erheblich; von gegenseitiger Beeinflussung im Sinne eines geistigen Austausches findet sich freilich kaum eine Spur. Der inneren Konsolidierung dient die Programmatik aller Konfessionen; nach außen hin regieren harsche Apologetik (der je eigenen Sache) und rüde Polemik (gegenüber anderen Glaubensgemeinschaften). *Konfessionelle Eigenexistenz* kennzeichnete daher die Lage in den (zumeist übrigens nur mehrheitlich, nicht einheitlich) geschlossenen Einzel-Territorien auf dem Boden des ›Heiligen Römischen Reiches deutscher Nation‹; so unerwünscht wie undenkbar, geriet *bi- oder gar trikonfessionelle Koexistenz* (innerhalb eines oder zwischen mehreren Einzelterritorien womöglich noch unterschiedlicher Konfession) gar nicht erst in den Blick. Schlimmer noch: Aus Sicht frühabsolutistischer Herrschaftsintensivierungs-Bestrebungen befanden sich die durch den ›Augsburger Religionsfrieden‹ (von 1555) zur Garantie des Konfessionsstandes verpflichteten Reichsstädte (Augsburg u. a.) in einer nachgerade bedauerlichen Situation. Wie gesagt: Das fort geltende Einheitsparadigma verstellte nicht nur den Blick auf die Vorteile gelebter (Differenz-) Ökumene; es unterwanderte vielmehr auch die Bestimmungen des Religionsfrieden von einst, förderte danach die konfessionspolitische Lagerbildung und führte schließlich in die militärische Katastrophe des Dreißigjährigen Krieges. Auf genau diese Zusammenhänge rekurrierten – freilich wiederum ohne Sinn für die eigentlich innovative Leistung des ›Augsburger Religionsfriedens‹ (von 1555) – aufgeklärte und nationalistische Kritik: Vom wenig anheimelnden Staatskirchentum des 18. und 19. Jahrhunderts gespeist sowie noch immer am Einheitsparadigma orientiert, deuteten sie zur bloßen Zersplitterung um, was – einst unbewusst bestimmt – den Keim des (heute) staatlich anerkannten Selbstbestimmungsrechts der Kirchen längst in sich trug.

---

[178] Vgl. Eike WOLGAST: Reformierte Konfession und Politik im 16. Jahrhundert. Studien zur Geschichte der Kurpfalz im Reformationszeitalter (Schriften der Heidelberger Akademie der Wissenschaften. Phil.-hist. Klasse. Bd. 10). Heidelberg 1998.

3.2. Gängige Deutungen des ›Augsburger Religionsfriedens‹ (von 1555) – Jetzt und einst.

Den interessegeleiteten Deutungen heutiger Geschichtswissenschaft wiederum entgeht die eigentliche Dimension des ›Augsburger Religionsfriedens‹ (von 1555) aus den genau umgekehrten Gründen: Im sicheren Wissen um Not geborene Vorläufigkeit und tragisches Scheitern besagten Vertragswerkes implantieren sie den Formulierungen des Augsburger Vertragswerks angeblich wegweisende Beziehungsstränge zu den Grundkomponenten moderner Staatlichkeit: Staatspolitisch sehen entsprechende Ansätze im ›Augsburger Religionsfrieden‹ dann etwa *(1)* die Säkularisierung angelegt, staatsrechtlich *(2)* die Pluralisierung, menschenrechtlich *(3)* die Freizügigkeit sowie ethisch *(4)* die Toleranz.

Derartigen Konstruktionen nachhängen, heißt die tatsächliche Dimensionierung des ›Augsburger Religionsfriedens‹ (von 1555) heillos überfrachten. Das Toleranz-Argument *(4)* etwa lässt sich nicht einfach aus der Existenz seines Gegenteils, der Intoleranz, deduzieren. Nichtsdestoweniger argumentiert etwa Winfried Schulze: »Die Legitimierung der Zwietracht als politische Lebensform ermöglichte erst die Toleranz. Insofern kommt (...) dem Augsburger Religionsfrieden als dem Vertragwerk, das die konfessionelle Zwietracht reichsrechtlich anerkannte, besondere Bedeutung für die Entwicklung des Toleranzdenkens zu.«[179] W. Schulzes Auffassung mag einem gewissen Lokalpatriotismus geschuldet sein; unbeschadet dessen bleibt jedoch darauf hinzuweisen, dass den modernen Toleranz-Begriff weniger ein passives Dulden-müssen denn aktives Gelten-lassen auszeichnet. Der ›Augsburger Religionsfriede‹ freilich installierte eine Ordnung der innerterritorialen konfessionellen Eigenexistenz; dem Gedanken einer bi- oder gar trikonfessionellen Koexistenz christlicher Glaubensgemeinschaften innerhalb des Reiches oder gar innerhalb eines Einzelterritoriums arbeitete er hingegen – anders als etwa der Westfälische Friede (von 1648)[180] – mitnichten zu. Um die (notgedrungen friedensstiftende) Majorisierung zweier Konfessionen auf Kosten der Verketzerung aller übrigen Glaubensgemeinschaften war es ihm vordergründig zu tun, nicht um die reichsrechtliche Installation der ›discordia‹ (Zwietracht) mit Eintracht (›concordia‹) stiftenden Endzielen.

Nicht viel besser steht es auch mit der menschenrechtlich in Anschlag gebrachte Freizügigkeits-These *(3)*. Daraus ein erstes individuelles Grundrecht konstruie-

---

[179] Winfried SCHULZE: Augsburg und die Entstehung der Toleranz. In: Johannes Burkhardt / Stefanie Haberer (Hg.): Das Friedensfest. Augsburg und die Entwicklung einer neuzeitlichen Toleranz-, Friedens- und Festkultur (Colloquia Augustana 13). Augsburg 2000, S. 43-71; hier: S. 47 f.; siehe (kritisch) auch Helmut GABEL: Der Augsburger Religionsfriede und das Problem der Toleranz im 16. Jahrhundert (Anm. 144).

[180] Vgl. hierzu etwa Heinz DUCHHARDT (Hg.): Der Westfälische Friede. Diplomatie, politische Zäsur, kulturelles Umfeld, Rezeptionsgeschichte. München 1998; Franz-Josef JACOBI: Zur religionsgeschichtlichen Bedeutung des Westfälischen Friedens. In: Meinhard Schröder (Hg.): 350 Jahre Westfälischer Frieden. Verfassungsgeschichte, Staatskirchenrecht, Völkerrechtsgeschichte. Berlin 1999, S. 83-98; Anton SCHINDLING: Der Westfälische Frieden und das Nebeneinander der Konfessionen im Heiligen Römischen Reich Deutscher Nation. In: Konrad Ackermann (Hg.): Bayern vom Stamm zum Staat. FS Andreas Kraus. München 2002, S. 409-432.

ren zu wollen, geht nach überwiegender Forschungsmeinung einfach zu weit: »So bescheiden heute dieses beneficium emigrandi anmutet – diese Religionsfreiheit im Gewande des religiösen Freizügigkeitsrechts ist das erste allgemeine Grundrecht, das das Reich durch das geschriebene Verfassungsrecht jedem Deutschen garantierte.«[181] Weil ›beneficium‹ (Wohltat) konnte das – bezeichnenderweise mit einer Abfindungs-Klausel bewehrte – ›Auswanderungs-Zugeständnis‹ des ›Augsburger Religionsfriedens‹ (von 1555) zumindest in juristischer Hinsicht eben gerade nicht als ›ius‹ (Recht) firmieren, geschweige denn als Grundrecht (›Lex fundamentalis‹). Die historische Realität sah leider anders aus: Gleichgültig, ob (protestantischerseits) als Bleibe- oder (katholischerseits) als Ausweiserecht interpretiert, ein allgemein akzeptiertes ›Freizügigkeitsrecht‹ hätte zu damaligen Zeiten kein einziger Territorialfürst einem seiner Untertanen jemals zugestanden.

Selbst von einer staatsrechtlichen Pluralisierung *(3)* kann im Zusammenhang mit dem ›Augsburger Religionsfrieden‹ (von 1555) entgegen dem ersten Anschein kaum gesprochen werden. Nicht um Pluralisierung der nach dem föderal komponierten Einheitsparadigma von Zentralmacht und Territorialgewalten organisierten Reichsverfassung ging es den Architekten des Augsburger Vertragswerkes schließlich; vielmehr kam es ihnen auf die Majorisierung zweier Vertragspartner auf juristische Kosten vorhandener, aber bewusst ausgeschlossener Vertragsinteressenten an. Mit anderen Worten: Nicht tatsächliche Pluralisierung in einem zunehmend diversifizierten Ereignishorizont bildete das intentionale Prinzip des ›Augsburger Religionsfriedens‹, sondern die formaljuristische Wahrung der homogenitätsgenährten Rechtsfiktion.

Am verlässlichsten erscheint unter solchen Umständen deshalb noch die Rede von den Säkularisierungseffekten *(1)* des ›Augsburger Religionsfriedens‹ (von 1555). Die historische Realität verweigert sich freilich selbst dieser Annahme; wieder gebührt das entsprechende Verdienst dem ›Westfälischen Frieden‹ (von 1648) und seinen politischen Folgen. Der ›Augsburger Religionsfriede‹ führte demgegenüber vorläufig zum entgegen gesetzten Ende: Das territoriale Zwangskirchentum zeitigte nämlich »resakralisierende Tendenzen, die sich ›im Angesicht einer Allianz von Kirche und Staat‹ herausbildeten. Durch die Konfessionalisierung erhielt der Fürst eine – theologisch sicher nicht intendierte – ›Sakralisierung‹. Sieg oder Niederlage einer Konfession sind vom Fürsten abhängig, der damit zum ›defensor ecclesiae‹ wird. Auch städtische Magistrate – wenn auch in weniger spektakulärer Form – profitieren davon.«[182] Und an den

---

[181] Martin HECKEL: Deutschland im konfessionellen Zeitalter (Anm. 152) S. 48; ablehnend äußert sich etwa auch Carl A. HOFFMANN: Der Augsburger Religionsfrieden (Anm. 125), S. 224 f.

[182] Carl A. HOFFMANN: Der Augsburger Religionsfrieden (Anm. 125), S. 240; vgl. auch Heinz SCHILLING: Das konfessionelle Europa. Die Konfessionalisierung der europäischen Länder seit der Mitte des 16. Jahrhunderts und ihre Folgen für Kirche, Staat, Gesellschaft und Kultur. In: Joachim Bahlcke / Arno Strohmeyer (Hg.): Konfessionalisierung in Ostmitteleuropa. Wirkungen des religiösen Wandels im 16. und 17. Jahrhundert in Staat, Gesellschaft und Kultur. Stuttgart 1998, S. 13-62.

vorherrschenden Staatszielen vermochte es jedermann abzulesen: Nicht Staats- und Bürgerwohlfahrt galt es besonders zu schützen, sondern Seelen- und Landesheil!

Es bleibt dabei! Die zukunftsweisende Bedeutung des ›Augsburger Religionsfriedens‹ liegt in einer unbewussten Verlegenheitsbestimmung begründet: der unbeabsichtigten Modellhaftigkeit gelebter Ökumenefähigkeit in den freien Reichsstädten mit konfessioneller Bestandsgarantie.

3.3. Die zukunftsweisende Bedeutung des ›Augsburger Religionsfriedens‹: Kompetitive Konfessionalität als Vorläufer kooperativer Ökumene.

Zur Sprache kam es schon: Von den mittelalterlichen Interdikten (und ihren ab- oder ausgrenzenden Absichten) bis hin zu den frühneuzeitlichen Toleranzedikten (mit ihren zumeist politisch-ökonomischen Intentionen) führte ein weiter und bisweilen steiniger Weg. Noch 1685 konnte dem Edikt von Potsdam, das der so genannte ›Große Kurfürst‹ Friedrich Wilhelm I. von Brandenburg-Preußen (1620 – 1688; Kurfürst seit 1640) zugunsten 20.000 französischer Réfugiés reformierten Glaubens (Hugenotten) erließ, welche Frankreich ihres Glaubens wegen zu verlassen hatten, erheblicher Widerstand von Seiten der evangelisch-lutherischen Orthodoxie entgegengesetzt werden, die ihrerseits um Integrität und Einfluss eigener Gemeinden fürchtete.[183] Zu dieser Zeit lag die schreckliche Erfahrung eines Dreißigjährigen Krieges längst zurück, welcher angeblich der Religion wegen geführt worden war, in Wahrheit aber aufgrund machtpolitischer Interessen europäischen Ausmaßes nicht enden wollte, und der ›Augsburger Religionsfriede‹ (von 1555) erfreute sich – um entscheidende Passagen multikonfessioneller Koexistenz erweitert – wieder allgemeiner Achtung. Machthaber und publizistische Öffentlichkeit hatten nachhaltig hinzu gelernt: Die Bestimmungen des ›Augsburger Religionsfriedens‹ zählten jetzt mehr als alle advokatorischen Vorteilsnahmen angesichts seiner zahlreichen Unbestimmtheiten; arrangieren freilich wollte man sich nach wie vor nicht wirklich miteinander, Misstrauen bestimmte noch immer den interkonfessionellen Umgang. Aber gleichwohl: Langsam löste interkonfessionelle Koexistenz die innerkonfessionelle Eigenexistenz ab; vorsichtig praktizierte Toleranz trat (wenigstens für gewöhnlich) an die Stelle lauthals polemisierender Antipathie.

Zu besagtem Zeitpunkt (1685) besaßen die (hauptsächlich süddeutschen) Reichsstädte konfessioneller Bestandsgarantie (wie Augsburg, Biberach, Dinkelsbühl oder Ravensburg) bereits eine mehr als hundertjährige Erfahrung im Umgang mit der vertraglich eingeforderten ›Ökumene‹. Notgedrungen herrschte dort keine bikonfessionelle Eigenexistenz; passender lässt sich die reichsrechtlich seltsame Situation aufgrund durchgehend paritätisch besetzter ›Regimentsordnungs‹-Organe als ›kompetitive Konfessionalität‹ beschreiben, zahlreiche Konflikte um Schule und Bildung, Ökonomie und Finanzen, Verfassung und Religion inbegriffen. »Ich fasse zusammen, was wir über das unterschiedlich gründlich ausgeleuchtete Zusammenleben der Konfessionen in den bikonfessio-

---

[183] Vgl. hierzu etwa Ludwig HÜTTL: Friedrich Wilhelm von Brandenburg, der große Kurfürst 1620-1688. Eine politische Biographie. München 1981.

nellen Reichsstädten einigermaßen sicher aussagen können: Es gab ein deutliches soziales Gefälle, die Eliten arrangierten sich, weiter unten kochte der Volkszorn über die 1555 verordnete Duldsamkeit.«[184] Die paritätische Konfessionssituation wollte angesichts schwelender Alltags- und Spezialprobleme (wie den so genannten ›Augsburger Kalenderstreit‹[185]) jedoch anscheinend niemand gefährden: Interkonfessionelle Eheschließungen waren an der Tagesordnung, das reichsstädtische (insbesondere Augsburger) Kunst- und Verlagshandwerk florierte, protestantische wie katholische Bildungs- und Sozialeinrichtungen suchten einander gegenseitig zu übertreffen. In nahezu jeder Hinsicht ließ sich aus dem Wissen um gegenseitige Empfindlichkeiten so manches Kapital schlagen. Der Katalog zum 450-jährigen Jubiläum des ›Augsburger Religionsfriedens‹ (von 1555) enthält denn auch nahezu 70 Seiten kommentierter Beispiele einschlägiger Provenienz.[186]

Doch damit scheint die unbeabsichtigte Modellhaftigkeit gelebter Ökumenefähigkeit in den besagten Reichsstädten keineswegs erschöpft. Gerade das Augsburger Verlagsleben hält so manche zusätzliche Überraschung bereit: Der evangelisch-lutherische Augsburger Kupferstecher und Verleger Johann Ulrich Kraus (1655 – 1719) etwa schuf mit seinem Meditationsbuch zu Evangelien- und Lesungstexten der sonn- wie feiertäglichen Leseordnung *(›Heilige Augen- und Gemüths-Lust‹, 1706)* aller drei wichtigen (!) Konfessionen nicht nur ein Nachschlagewerk konfessionsübergreifender Glaubensschulung; auf synästhetische Glaubensvertiefung infolge privater Schriftlesung berechnet, erschloss seine Präsentationsweise der Glaubensinhalte auch neue Lesermärkte. Und noch mehr: Johann U. Kraus' komplexe Text-Bild-Ensembles emblematisch-allegorischer Art dienten sogar als Vorlage zur Ausgestaltung einer katholischen (!) Kirche im schwäbischen Gundelfingen.[187] Nicht um bloßen Zufall handelte es sich dabei, sondern um ein ausdrücklich intendiertes Beispiel gelebter Ökumenefähigkeit des Autors und Kupferstechers selbst.[188]

---

[184] Axel GOTTHARD: Der Augsburger Religionsfrieden (Anm. 125), S. 578.

[185] Vgl. Silvia Serena Tschopp: Konfessionelle Konflikte im Spiegel publizistischer Medien – der Augsburger Kalenderstreit. In: Carl A. Hoffmann u. a. (Hg.): Als Frieden möglich war (Anm. 142), S. 243-252.

[186] Carl A. HOFFMANN u. a. (Hg.): Als Frieden möglich war (Anm. 142), S. 559- 630 (›Bikonfessionalität: Das Beispiel der Reichsstadt Augsburg‹).

[187] Siehe hierzu bes. Gerda RIEDL: Johann Ulrich Kraus. In: Wolfgang Harms u. a. (Hg.): SinnBilderWelten. Emblematische Medien in der Frühen Neuzeit. Ausstellungskatalog. München 1999, S. 21-23 (Nr. 20); Gerda RIEDL: Das Bildprogramm der Spitalkirche Mariä Himmelfahrt in Gundelfingen an der Donau. Angewandte Emblematik und ihre theologische Intention. In: Jahrbuch des Historischen Vereins Dillingen 102 (2001), S. 321-376.

[188] Programmatisch formuliert Johann U. Kraus in seiner ›Vorrede‹: »Es dienet aber dasselbe theils zu Unterhaltung gottseeliger Gedancken / theils zu ehrlicher Ergötzung der Augen und deß Gemüths / theils zu nützlicher Kunst-Übung. Männiglich kan sich dadurch im Christenthum erbauen / die Kunst-Liebende können sich damit delectieren / die Künstler ein und anders zu ihrem Dienst daraus nehmen. Es kan in allen Christlichen in dem Heil. Röm. Reich passirten Religionen ohne jemandes Nachtheil gebrauchet werden / denn man 1. die Außbildung schlechter Dings nach dem Text der Heiligen Evangelien / Episteln sc.

Paul Warmbrunn brachte die entsprechenden Ergebnisse übrigens schon 1983 auf den stimmigen Punkt: »Damit wurde das in der Reformationszeit von Seiten des Rats immer wieder vorgebrachte Argument, eine Bürgerschaft, in der zwei Konfessionen vertreten seien, müsse zerfallen, durch die Praxis widerlegt. Vielmehr zeigte sich bei allen Streitfällen, hinter denen in den Quellen die Fälle guten Einvernehmens zwischen den Konfessionen, die meist keiner Erwähnung wert erschienen, zurücktreten, dass die Entstehungs- und Existenzbedingungen für echte, gelebte Toleranz, auf die sowohl die humanistische als auch die wirtschaftliche Motivation zutrafen, in den untersuchten bikonfessionell-paritätischen Städten besonders günstig waren. In diesem Sinne gewann das Miteinander der Konfessionen in diesen Reichsstädten durchaus Modellcharakter für die Ordnung des Zusammenlebens der Konfessionen auch auf Reichsebene.«[189]

Tatsächlich findet sich genau hier und nirgendwo sonst der Schlüssel für die zukunftsweisende Modellhaftigkeit des ›Augsburger Religionsfriedens‹ (von 1555): Nicht der staatspolitischen und staatsrechtlichen, nicht der menschenrechtlichen und ethischen Modernisierung arbeitete das Augsburger Vertragswerk in erster Linie zu; vielmehr ermutigt es mit seiner gelungenen ›kompetitiven Konfessionalität‹ von damals alle Anstrengungen für eine ›kooperative (Differenz-) Ökumene‹ von heute! Wenn der Ereignishorizont ›Augsburger Religionsfriede‹ eine Erkenntnis erlaubt, dann diese: Konsenssuche um jeden Preis fördert lediglich neuen Dissens zutage; das ›Augsburger Interim‹ (von 1548) blieb denn auch eine so vorübergehende Erscheinung wie die ergebnislosen Religionsdialoge (der Jahre 1540/41) zuvor. Diversifizierungsprozesse lassen sich nicht einfach aufhalten; umgekehrt vermag die Anwendung der Paradigmentheorie aber auch deutlich zu machen, wie sehr entsprechende Prozesse dahin tendieren, neues Identifikationspotential freizusetzen. Hiervon legt die gelebte Ökumenefähigkeit in den alten Reichsstädten konfessioneller Bestandsgarantie deutliche Zeugnisse ab!

Eine zukunftsfähige Theologie der Ökumene wäre deshalb gut beraten, eher tätig auf die Ankunft der Glaubenseinheit zu warten denn hektisch auf ihren Abschluss zu drängen. Rückkehr-, Abkehr- und Konsens-Ökumene haben deshalb

---

ohne auf einige Glossa zu reflectiren / und auch die beygefügte Verse so eingerichtet / daß allein die Summa deß in dem Text enthaltenen oder in dem Bild vorgestellten / nebenst einer Christlichen Erinnerung oder Trost eingebracht; beyderseits aber so wohl in Versen als in der Außbildung / Außzierung sc. mit grossem Fleiß von allem abstrahiert wurde / wodurch die eine oder andere Religion im geringsten touchiert oder beleidiget werden köndte.« (Johann Ulrich KRAUS: Heilige Augen- und Gemüths-Lust [...]. Augsburg 1706, S. 5 f.)

[189] Paul WARMBRUNN: Zwei Konfessionen in einer Stadt. Das Zusammenleben von Katholiken und Protestanten in den paritätischen Reichsstädten Augsburg, Biberach, Ravensburg und Dinkelsbühl von 1548 bis 1648 (Veröffentlichungen des Instituts für Europäische Geschichte Mainz. Abt. für Abendländische Religionsgeschichte 111) . Wiesbaden 1983, S. 405; vgl. auch Paul WARMBRUNN: Toleranz im Reich vom Augsburger Religionsfrieden bis zum Westfälischen Frieden. Kirchen- und Landesordnungen und gesellschaftliche Praxis (Anm. 144).

vor dem Hintergrund des Modellfalls ›Augsburger Religionsfriede‹ weit weniger für sich denn eine allseits er- und mitgetragene ›Differenz-Ökumene‹ unter Maßgabe der drei Verhaltensmaßregeln: Gestaltungskraft, Geduld, Gottvertrauen. Beispiele aus der jüngsten ökumenischen Vergangenheit existieren durchaus: Gestaltungskraft etwa atmete eine ›Gemeinsame Erklärung über die Rechtfertigungslehre‹ (1999) so gut wie das bilaterale Konsenspapier ›Communio sanctorum‹ (2000),[190] auch wenn weiterer Diskussionsbedarf von Nöten sein sollte. Der Bitte um gegenseitige Geduld wiederum bedarf es in den Streitfällen ›Mahlgemeinschaft‹ oder ›Einheitsübersetzung‹. Und ein Ausrufezeichen für sich auszahlendes Gottvertrauen setzte doch die Annäherung aller großen Konfessionen seit Ende des Zweiten Weltkrieges!

Bestimmen sollte demnach den weiteren gemeinsamen Weg der christlichen Kirche(n) das Differenz-Modell kooperativer Ökumene (als Fortschreibung der kompetitiven Konfessionalität in den paritätisch verfassten Reichsstädten von einst). Denn für alle Beteiligten des ökumenischen Prozesses muss doch gelten: Lieber ein ehrliches Nein im vollen Bewusstsein der eigenen Glaubensposition als ein aufgesetztes Ja aus dem Geiste öffentlicher Effekthascherei. ›Differenz-Ökumene‹ lautet deshalb die Antwort auf alle Herausforderungen unserer gemeinsamen christlichen Glaubenszukunft, nicht ›Konsens-Ökumene‹ (gedacht als Kircheneinheit um beinahe jeden Glaubenspreis)! Füreinander uneingeschränkt, – miteinander, wo immer es angeht, – nebeneinander, wo zumindest vorläufig noch nichts Besseres möglich scheint. Denn klar ist: Das Verbindende überwiegt das Trennende allemal!

Wer Konfessionalisierung so begreifen könnte ... freiwillig kompetitiv (als positive Pluralität), nicht zwingend polarisierend (als unselige Entzweiung)! Theologischer Glaubensstreit und historischer Rechtsfrieden des Ereignishorizontes ›Augsburger Religionsfriede‹ (zwischen 1495 und 1600) standen eben trotz der Schrecken eines großen Religionskrieges (1618 – 1648) auch politischer Föderalisierung und kultureller Vielstimmigkeit unserer heutigen Bundesrepublik Pate. Dem zeitgenössischen Paradigma konnten sich solche Fernwirkungen verständlicherweise nicht erschließen; als unausweichliche Folge konfessioneller Spaltung galt deshalb lange Zeit, was eigentlich ein unbegriffenes Diversifizierungs- (Modernisierungs-) Phänomen darstellte.

---

[190] Dokumentiert sind beide Erklärungen; vgl. Lutherisches Kirchenamt der VLKD (Hg.): Die gemeinsame Erklärung zur Rechtfertigungslehre. Alle offiziellen Dokumente von Lutherischem Weltbund und Vatikan. Hannover 1999; Bilaterale Arbeitsgruppe der Deutschen Bischofskonferenz und der Kirchenleitung der VLKD (Hg.): Communio Sanctorum. Die Kirche als Gemeinschaft der Heiligen. 3. Auflage. Paderborn 2005. – Kritik ernteten beide Dokumente (vgl. auch Anm. 137): In einer öffentlichen Stellungnahme lehnte die Evangelisch-theologische Fakultät der Universität Tübingen das bilaterale Konsenspapier ›Communio Sanctorum‹ sogar rundweg ab; die (katholische) Deutsche Bischofskonferenz beließ es hingegen bei einigen Klarstellungen. Vgl. Evangelisch-theologische Fakultät der Universität Tübingen: Stellungnahme zu ›Communio Sanctorum‹. Frankfurt/M. 2002; Sekretariat der Deutschen Bischofskonferenz (Hg.): Stellungnahme der Deutschen Bischofskonferenz zur Studie ›Communio Sanctorum‹ vom 11. März 2003 (Die deutschen Bischöfe 71). Bonn 2003.

Wer also Konfessionalisierung so begreifen könnte, ... der vermöchte Einheit zu träumen! Am Modellfall ›Augsburger Religionsfriede‹ enthüllte sich jedenfalls das Folgende: Weil als konfessionalitätsbegründend positiv plural disponiert, entfaltete etwas unbewusst Bestimmtes, quasi der Not Geschuldetes eine entscheidende Dynamik in die richtige Richtung. Nicht ›Konsens-Ökumene‹ verbliebe dann – so die Botschaft an uns heutige Zeitgenossen – als unbewusstes Refugium einstiger Homogenitäts- und Totalitätsfiktionen! Vielmehr wäre eine ›Differenz-Ökumene‹ im Entstehen, so gestaltungskräftig angezielt wie geduldig erwartet aus dem Geiste einer tragfähigen Solidaritätsutopie. Diesem Geist erstmals, so keimhaft wie zukunftsträchtig, entsprochen zu haben, – darin liegt aus paradigmentheoretischer Sicht die eigentliche Bedeutung des ›Augsburger Religionsfriedens‹ (von 1555)! Man stelle sich nur vor: Eines Tages wäre das Identifikationspotential der Christenheit so gewachsen, dass allesamt plötzlich aufwachten und, miteinander (nicht: nebeneinander) gleichermaßen verblüfft, feststellen könnten: ›Una christianitas in rituum varietate!‹

Gerhard Robbers

Vom Augsburger Religionsfrieden zum Europäischen Verfassungsvertrag

Europäische Identität besteht im Frieden der Religionen. Vielleicht wird Identität am stärksten von dem konstituiert, was unter den größten Opfern errungen wird; vielleicht auch von dem, was am gefährdetsten ist und was am leichtesten zerbricht.

Der Augsburger Religionsfriede hat sechzig Jahre Frieden bewahrt, bevor er zerbrochen ist. Aber zerbrochen ist doch nicht seine Idee. Der Augsburger Religionsfriede hat das Leid des Dreißigjährigen Krieges nicht verhindern können. Aber er hat den Weg gewiesen zum Frieden.

Das ist nicht lange her. 450 Jahre, das sind keine sechs Achtzigjährige hintereinander, sechs Achtzigjährige, Großväter, Großmütter, die ihre Enkel auf dem Schoß halten und ihnen von ihren Erlebnissen erzählen, als sie klein waren. Sechs Achtzigjährige, das ist keine lange Zeit. Diese fünfeinhalb Leben, die trennen uns nicht von 1555, die verbinden uns damit. Der Augsburger Religionsfriede, das ist heute. Wozu haben wir denn Geschichte? Dafür, dass wir uns besser verstehen, dafür, dass wir das Richtige tun und dass wir das Falsche besser vermeiden können.

Die Verfassung für Europa muss in Kraft treten. Sie bringt mehr Transparenz, sie bringt mehr Demokratie, sie bringt mehr Rechtsstaatlichkeit, starke Vereinfachung, und sie bringt vor allem Hoffnung für das Gelingen des europäischen Projekts. Es braucht nur günstiges politisches Wetter, starke, willige nationale Regierungen, eben das Ergreifen des richtigen Momentes. So wie die Wiedervereinigung Deutschlands im Ergreifen des einen richtigen Momentes gelang, kann die Vereinigung Europas in der europäischen Verfassung im Ergreifen des richtigen Momentes doch gelingen.

Nicht immer kommt der richtige Moment. Was wäre, scheiterte der europäische Verfassungsvertrag? Was wäre, die Verfassung für Europa bliebe bloßer Versuch?

Und wenn die Verfassung scheiterte, wir hätten sie doch.

Was da steht, ist doch im Kern das, was schon ist, das meiste jedenfalls. Menschenrechte, Demokratie, Rechtsstaatlichkeit – all das ist die Europäische Union schon heute. Die neue Verfassung würde viel Gutes hinzutun, an demokratischer Technik, an Stärkung des Europäischen Parlaments, an Klarheit und Stringenz gemeinsamer Entscheidungsfindung. Selbst wenn sie nicht in Kraft träte – die Verfassung zeigt doch das Gemeinsame, sie zeigt das Erreichte und das Erreichbare. Sie zeigt den Stand der gemeinsamen Verfassungsüberlieferung. Darauf kann man sich mit Recht berufen. Und die Verfassung zeigt, was nicht mehr akzeptabel ist. Es geht nicht mehr an, dass in ein, zwei oder drei Mitgliedstaaten ein Teil der Bevölkerung die Entwicklung verhindern kann, nicht aus europäischen Gründen, sondern aus innenpolitischen Gründen. Wenn es denn Volksentscheide über die Verfassung gibt, dann muss das Referendum europaweit sein, an einem Tag, und dann würde es um Europa gehen.

Da gibt es viele, die wollten die Verfassung um Gottes Willen nicht. Weil Gott nicht darin steht und das Wort christlich nicht – ausdrücklich. Aber – was will man denn? Muss denn auf der Packung unbedingt draufstehen, was dann doch drin ist? Das christlich steht doch drin in der Verfassung, Gott auch.

Da beruft sich die Verfassung ganz vorn in ihrer Präambel an erster Stelle auf die religiösen Überlieferungen Europas. „Schöpfend aus den kulturellen, religiösen und humanistischen Überlieferungen Europas, aus dem sich die unverletzlichen und unveräußerlichen Rechte des Menschen sowie Freiheit, Demokratie, Gleichheit und Rechtstaatlichkeit als universelle Werte entwickelt haben ..." Das religiöse Erbe in der Mitte, gestützt, getragen, umringt vom kulturellen Erbe und vom humanistischen, das Religiöse in der Mitte, so wie in der christlichen Ikonographie eben das Wichtigste in der Mitte steht, an jedem Kirchenportal schon. Was für ein weiter Schritt. Damit ist der Streit überwunden, der sich an der ausdrücklichen Verwendung des Begriffes „religiös" noch in der Europäischen Grundrechtecharta entfacht hatte. In allen Amtssprachen, nicht nur in der deutschen Fassung, findet der Begriff „religiöses Erbe" jetzt Aufnahme in die Verfassung der Union. Binnen kurzer Zeit ist damit ein Schritt weiter zur selbstverständlichen Akzeptanz der religiösen Dimension des Lebens in der europäischen Verfassungswirklichkeit getan.

Auch wenn der Begriff „Gott" nicht ausdrücklich in den Verfassungstext aufgenommen ist, die Verfassung anerkennt doch die überragende Bedeutung der Gottesidee. Sie bezieht sich auf konkrete religiöse Überlieferungen, nicht lediglich auf die Vorstellungen von Religion überhaupt. Es ist das religiöse Erbe Europas, auf das sich die Verfassung gründet. Das gilt in einem umfassenden Sinne. Damit sind in erster Linie die christlichen, dazu die jüdischen, auch die muslimischen und all jene religiösen Überlieferungen benannt, die Europa in größerem oder geringerem Maße geprägt haben. Nur dasjenige religiöse Erbe ist positiv aufgenommen, das in bestimmter Weise prägend gewirkt hat. Das nämlich, das die unverletzlichen und unveräußerlichen Menschenrechte, das Freiheit, Demokratie, Gleichheit und Rechtstaatlichkeit als universelle Werte hervorgebracht hat. Damit ist, bei aller Neutralität und Pluralität im Konkreten, eine Auswahl getroffen, nicht lediglich eine Beschreibung der faktischen Entwicklung gegeben.

Die Präambel anerkennt das religiöse Erbe als weiterhin lebendig. Es steht nicht Gott drauf, aber es steht Gott drin.

Die umfassende Anerkennung der Grundrechte umfasst auch die religionsrelevanten Grundrechte, wie sie in der Grundrechtecharta als Teil der Verfassung sowie in der europäischen Menschenrechtskonvention gewährleistet sind und wie sie sich aus den gemeinsamen Verfassungsüberlieferungen der Mitgliedstaaten ergeben. Der Gesamtbestand religionsrelevanter Grundrechte ist damit gewährleistet. Und schauen wir und in Europa um, dann sehen wir diese positive Religionsfreiheit überall. Auch in England und Dänemark mit ihren Staatskirchen, auch in Frankreich mit seiner Laïcité. Auch Laïcité ist längst positive Religionsfreiheit, Gewährleistung der Möglichkeit, Religion zu leben. Neulich hat der französische Staat die Errichtung der katholischen Kathedrale von Evry fast vollständig bezahlt, und die Moschee von Rennes, 1925 schon den auch der Moschee von Paris. Auch die Europäische Union hat sich verpflichtet, religiösem Leben angemessenen Raum zu geben.

Und auch die Religionsfreiheit verdankt sich dem Religionsfrieden. Augsburg hat das noch nicht in voller Blühte bewirkt. Aber Augsburg hat wieder einen Anfang gemacht. Zunächst nur für zwei Konfessionen, von der geduldeten jüdischen Religion einmal abgesehen. Aber immerhin für zwei; volle Freiheit in den Reichsstädten. Und sonst mag ja das cuius regio eius religio noch eine Hürde gewesen sein. Aber wer anders glauben und anders bekennen, wer anders handeln wollte, der konnte doch auswandern, in die nächste Reichsstadt, in das nächst gelegene Territorium. Die Auswanderungsfreiheit steht am Anfang der Religionsfreiheit. Und das schätze man nicht gering. Aus Gründen des Glaubens oder überhaupt auswandern, das konnte man und das kann man heute noch nicht in allen Teilen der Welt. Der Augsburger Religionsfriede ist so lange nicht her.

Von besonderer Bedeutung ist Art. 52 zum Status der Kirchen und weltanschaulichen Gemeinschaften. Die Union achtet den Status, den Kirchen und religiöse Vereinigungen oder Gemeinschaften in den Mitgliedstaaten nach deren Rechtsvorschriften genießen, und beeinträchtigt ihn nicht.

Die Union achtet den Status von weltanschaulichen Gemeinschaften in gleicher Weise. Das ist Ausdruck einer bereits vorhandenen Neutralität der Europäischen Union in religiösen und weltanschaulichen Fragen. Diese Neutralität besteht nach dem Wortlaut auch gegenüber dem Recht der Mitgliedstaaten, indirekt auch gegenüber den Kirchen, Religions- und Weltanschauungsgemeinschaften selbst.

Neu entwickelt ist Art. 52 (3), aber er steht doch in europäischer Tradition: Die Union pflegt in Anerkennung der Identität und des besonderen Beitrags dieser Kirchen und Gemeinschaften einen offenen, transparenten und regelmäßigen Dialog mit ihnen. Die Kirchen, religiösen Vereinigungen, Gemeinschaften und Weltanschauungsgemeinschaften stehen damit in der Position eines ausdrücklich anerkannten Partners der Union. Die Union ist zu Gespräch, Information, Anhörung dieser Gemeinschaften verpflichtet. Dieser Dialog muss offen geführt werden, transparent sein und nicht nur sporadisch, sondern regelmäßig stattfinden. Es ist eine Aufgabe der Zukunft, diesen offen, transparenten und regelmäßigen Dialog näher zu strukturieren. Dies kann nur in Übereinstimmung mit den Bedürfnissen der Religions- und Weltanschauungsgemeinschaften geschehen.

Kirche, religiöse Vereinigungen oder Gemeinschaften, weltanschauliche Gemeinschaften sind jetzt ausdrücklich in der Verfassung genannt. Sie sind damit als eigene und eigenständige Größen anerkannt und gesichert.

Dieser Dialog findet unter ausdrücklicher Anerkennung der Identität und des besonderen Beitrags dieser Kirchen und Gemeinschaften statt. Jede einzelne der Kirchen und Gemeinschaften besitzt ihre besondere Eigenart. Der dezidierte Wahrheitsanspruch jeder Religion und Konfession ist damit auch mit in die Verfassung der Europäischen Union aufgenommen. Kirchen, Religions- und Weltanschauungsgemeinschaften dürfen nicht undifferenziert als eine in sich homogene Größe betrachtet werden. Damit ist unter anderem ausgeschlossen, dass von Unions wegen eine aufgezwungene Ökumene stattfindet. Es geht nicht an, dass gegen den Willen der Religionsgemeinschaften eine verpflichtende Plattform geschaffen wird oder ein in sich geschlossenes und ausschließendes Organ zur Repräsentation von Kirchen, Religions- und Weltanschauungsgemeinschaften im Sinne etwa eines Wirtschafts- und Sozialausschusses. Ökumene liegt in der Verantwortung der Kirchen selbst. Und die müssen sorgsam damit umgehen, mit der Ökumene und mit dem Dialog der Religionen. Die Organe der Union müssen mit allen Kirchen, Religions- und Weltanschauungsgemeinschaften gemäß ihrer besonderen Identitäten kommunizieren.

Die Verfassung anerkannt den besonderen Beitrag dieser Kirchen und Gemeinschaften. Es ist ein besonderer Beitrag der Kirchen, der geht nicht in dem Beitrag gesellschaftlicher Einrichtungen auf. Der Öffentlichkeitsauftrag der Kirchen, wie er in Deutschland seit langem besteht, ist hier auch von Europas wegen anerkannt. Religion ist öffentlich. Das zeigt die Verfassung für Europa. Das zeigt schon der Augsburger Religionsfriede. Und mehr als das: Der Augsburger Religionsfriede zeigt, dass nicht nur die eine Religion öffentlich ist. Er zeigt, dass mindestens zwei, dass dann auch viele Religionen Teil der guten öffentlichen Ordnung sein können. Der Augsburger Religionsfriede steht in einem Anfang des Pluralismus. Die Religionsfreiheit in den Reichsstädten, die gemeinsame öffentliche Existenz der Unterschiede – diese Botschaft des Augsburger Religionsfriedens gilt auch für Berlin heute.

Die Europäische Grundrechtecharta wird durch die neue Verfassung in rechtliche Verbindlichkeit gehoben. Sie bietet Orientierung und Verstetigung der Grundrechtsentwicklung in Europa. An ihr muss sich die Rechtspraxis bei der Anwendung des Unionsrechts ausrichten. Der Europäische Gerichtshof findet in der Grundrechtecharta konzentrierten Ausdruck der gemeinsamen Verfassungsüberlieferungen der Mitgliedstaaten. Mit zahlreichen Bestimmungen weist die Charta dabei neue Wege für den Grundrechtsschutz. Die Grundrechtecharta nimmt aber auch und gerade jene vielfältigen Menschenrechte auf, die in christlichen Traditionen ihre Wurzeln finden: Der Schutz der Menschenwürde etwa, Freiheit und Gleichheit sind nicht denkbar in ihrer konkreten Gestalt ohne diese Wurzeln. Die Union achtet die Vielfalt der Kulturen, Religionen und Sprachen.

Von allen Fragen des Friedens der Religionen ist heute die dringendste der Islam. Sie zu lösen ist Aufgabe auch der Europäischen Union. Und die Lösung liegt im Kern nicht in der Gemeinsamen Sicherheitspolitik mit Maßnahmen gegen den Terrorismus und sie liegt im Kern auch nicht in der Zusammenarbeit der Justiz und in der Zusammenarbeit der Polizei. Polizei, Justiz, Militär, die brauchen wir auch. Die schaffen Sicherheitsräume zur Lösung der langfristigen Aufgaben. Die langfristigen, die nachhaltigen Perspektiven liegen im Dialog der Europäischen Union mit den Religionsgemeinschaften und religiösen Vereinigungen. Man kann es ja ruhig zugeben, dass das nichts Neues ist; der offene, der transparente und der regelmäßige Dialog, den die Europäische Union mit der Kirchen zu pflegen verpflichtet ist, nimmt nur auf, was in den Mitgliedstaaten seit, fast kann man sagen, seit Jahrhunderten mehr oder weniger selbstverständliche Übung ist. Das war oft unterbrochen, aber das ist immer wieder aufgenommen worden.

Der offene, transparente und regelmäßige Dialog mit den muslimischen Gruppierungen hat eine andere Dimension. Er muss seine Partner erst finden. Er muss kulturelle Grenzen überwinden. Er muss Frieden stiften. Es muss eine europäische Religionspolitik geben. Die darf sich auch nicht verstecken. Es ist ja so, dass der Islam keine klare Repräsentation kennt. Man weiß nicht so genau, mit wem soll man reden. Aber hinter diesem Phänomen haben wir uns lange genug versteckt. Wenn man den Dialog nicht will, lässt sich leicht sagen, man hätte den Partner nicht. Europäische Religionspolitik darf die Partner auch suchen. Das darf auch die deutsche Religionspolitik. Sie darf auch die Partner fördern. Religionspolitik darf den verlässlichen Partner stärken, den Partner, den man kennt, der verlässlich ist, der Teil der guten öffentlichen Ordnung ist.

Der Islam in Europa muss öffentlich, der Islam muss öffentlicher werden. Darin liegt auch eine Verpflichtung des Islam selbst. Die alte staatskirchenrechtliche Figur der ‚bekannten Religionen' gewinnt hier neue Bedeutung. Die bekannte Religion, die wegen ihres Bekanntseins Teil des öffentlichen Leben ist. Der Islam ist heute Teil der europäischen Kultur. Der Islam ist heute Teil der deutschen Kultur. Den Islam herauszudrängen aus dem Bereich des Öffentlichen ist falsch. Den Islam abzudrängen in privatisierende Vereinzelung ist ein Fehler. Dem Islam die Einbindung und die Bindung in der Gemeinsamkeit des öffentlichen Geschehens vorzuenthalten ist gefährlich.

Wir könnten uns ja einmal auf Martin Luther besinnen. Dass Luther seine Einleitung in die deutsche Übersetzung des Koran geschrieben hat, das war nicht nur ein revolutionärer, das war auch ein reformatorischer Akt. In bester aufklärerischer Manier bietet diese Einführung Luthers und bietet die Übersetzung des Koran von 1542 die Möglichkeit des Kenntnisnehmens, des Lernens. Den anderen zu kennen, das bringt uns die Chance der Auseinandersetzung, die Chance der Selbstvergewisserung. Darum prüfet alles, das Beste aber behaltet; diese neutestamentliche und diese aufklärerische Maxime lässt sich nur in Öffentlichkeit leben. Luther hat den Koran, Luther hat den Islam öffentlich gemacht. Wir haben keine Angst, wir sind nicht ängstlich. Wir sind neugierig. Und wir sind standfest. Was richtig ist und was wahr ist, das wird sich auch behaupten.

Wir sollten den Augsburger Religionsfrieden ernst nehmen, so ernst, wie er in seiner Zeit war: Den akzeptieren, den wir als den ganz anderen empfinden, den wir fremd finden, von dem wir uns angegriffen meinen, von dem wir uns provoziert fühlen und mit dem wir doch so viel gemeinsam haben.

Wir müssen uns viel mehr daran erinnern, was wir mit dem Islam gemeinsam haben. Die Unterschiede sind schnell erkannt. Der Friede der Religionen wächst mit dem Wissen um das Gemeinsame. Vielleicht darf man ja hier auch einmal etwas wagemutig sein. Vielleicht darf der Laie die Furcht vor dem geballten Widerspruch der Theologen ja einfach einmal überwinden. Vielleicht hat Luther ja vom Islam gelernt, vielleicht hat seine Theologie Einflüsse muslimischer Lehre aufgenommen? Die Unmittelbarkeit des Einzelnen zu Gott jedenfalls ist im

Islam so stark wie im Protestantismus. Einen heilsnotwendigen Klerus gibt hier nicht und gibt es dort nicht. Religiöse Entscheidungsgewalt weltlicher Herrschaft findet sich hier wie dort. Wie können wir mit dem Finger auf die Muslime zeigen, sie hätten die Trennung von Staat und Religion nicht, wenn wir selbst das Staatskirchentum über Jahrhunderte gepflegt haben, in manchen Ländern des Westens noch immer pflegen und sein Ende in Deutschland noch jahrzehntelang beklagt haben. Und das sola scriptura gibt es auch im Islam, vielleicht ja auch das sola fide und das sola gratia. Die Türken standen dicht vor Wien, da mag auch einmal ein Gedanke hin und her geflogen sein. Einflüsse werden sich kaum nachweisen lassen. Aber manche Parallele ist doch frappierend. Man wird ja noch fragen dürfen. Wir sollten mit dem Gezänk aufhören.

Der Bogen ist nicht weit vom Augsburger Religionsfrieden zur Verfassung für Europa. Nicht in der Zeitspanne und auch in der Sache nicht. Der Augsburger Religionsfriede steht in einem Anfang, der unser Verhältnis von Staat und Kirche begründet. Ein System, das unterschiedliche Konfessionen achtet. Ein Staatswesen, das unterschiedlichen Religionen Heimstätte ist. Ein System der Balance, der Gleichbehandlung, der Achtung. Darauf läuft auch die Entwicklung in der Europäischen Union hin. Da gibt es Staaten, die sich die Kirche unterworfen, einverleibt haben – die lockern diesen Griff allmählich; Schweden hat das Staatskirchentum abgeschafft, und in England leben Staat und Staatskirche doch ein Stück auseinander. Auf der anderen Seite Frankreich, dort, wo die Republik die eine übermächtige Kirche bekämpft hatte, in feindlicher Trennung von Staat und Kirche lebte. Längst ist französische Laïcité wohlwollende Neutralität, vertrauensvolle Zusammenarbeit, Förderung der Religion. Wer französische Laïcité für Deutschland will, muss wissen, dass dem französischen Staat alle katholischen Kirchengebäude gehören, die vor 1905 erbaut worden sind, er den Unterhalt trägt und sie der Kirche unentgeltlich zur Verfügung stellt, Notre-Dame, Chartre, Reims. Und neue Kathedralen und Moscheen werden stark bezuschusst, freundliche Förderung der Religion in Frankreich allenthalben.

Der Augsburger Religionsfriede steht in einem Anfang zur religiösen Neutralität des Staates, auf Reichsebene angelegt, in den Reichsstädten durchgeführt. Der Augsburger Religionsfriede legt den Grundstein für wohlwollende, positive Neutralität in Religionsangelegenheiten in Europa. Und mehr als das: Der Religionsfriede verwirklicht schon den Pluralismus der religionsrechtlichen Systeme, das Nebeneinander unterschiedlicher Lösungen in dem einen Gemeinwesen: Staatskirchlichkeit in den Territorien, religiöse Parität in den Städten, die Besonderheit des geistlichen Vorbehalts, und das Reich überwölbend, so gut wie keine unmittelbare Kompetenz im Religiösen. Das ist das Grundmuster auch in Europa, in der Verfassung für Europa in der Pluralität der religionsrechtlichen Systeme. Wenn es in der Verfassung für Europa heißt: Die Union achtet die Vielfalt der Religionen – so ist das nicht denkbar ohne Entscheidungen, wie sie im Augsburger Religionsfrieden getroffen worden sind.

Die Verfassung für Europa stärkt die Religionsfreiheit. Es ist doch richtig, dass die Grundrechtecharta in volle Rechtswirklichkeit treten muss. Dagegen darf man nichts haben, dagegen darf man nicht stimmen.

Wolfgang Huber

**Religionsfreiheit und Toleranz –
Wie aktuell ist der Augsburger Religionsfriede?**

I.

In einer Zeit verfassungsmäßiger und religionspolitischer Zerrissenheit sollte der Augsburger Religionsfrieden von 1555 die Voraussetzungen des Friedens erneuern. Dazu sah er eine politische Koexistenzordnung vor, in der den Anhängern der "Augsburgischen Konfession" und der "alten Religion" die äußere rechtliche Existenzsicherung und zugleich die Freiheit der geistlichen Entfaltung garantiert wurden. Eine Lösung der Konflikte durch ein Religionsverbot oder durch ein Verdrängen von Religion aus der Öffentlichkeit kam nicht in Betracht. Verankert wurde vielmehr der Anspruch beider religiöser Lager, sich im öffentlichen Leben entfalten zu können. Das Reich ließ beiden Seiten diese Freiheit und gewährleistete den äußeren Frieden. Zugleich wurden die Beteiligten verpflichtet, "durch christliche, freundliche und friedliche Mittel und Wege zu einhelligem, christlichem Verständnis und Vergleich" zu kommen. Durch die §§ 14 und 15 des Augsburger Religionsfriedens, nämlich durch "Landfriedensformel" und "Religionsformel", wurde der allgemeine politische Friede im Reich mit dem Frieden zwischen den Religionen verbunden. Durch seine eigene Einbeziehung in diese Vereinbarung unterwarf sich der König zugleich dem Gebot der Neutralität bei der Behandlung der Konfessionen. So war der Augsburger Religionsfrieden eine erste verfassungsmäßige Sicherung von Frieden und Freiheit in einer Gesellschaft, deren religiöse Zusammensetzung sich nachhaltig änderte.

Zwar wurde mit diesem Vertragswerk dem Einzelnen bei weitem nicht das Maß an Religionsfreiheit gewährt, das wir heute gewohnt sind und erwarten müssen. Die Formel „cuius regio eius religio", mit welcher der Augsburger Religionsfriede ein knappes halbes Jahrhundert später zusammengefasst wurde, erinnert ja eher an eine säkularisierte Variante der Vorstellung vom „kanonischen Territorium", auf das (mitsamt seinen Bewohnern) eine bestimmte Kirche sozusagen ein garantiertes Zugriffsrecht habe, und weit weniger an die Vorstellung von Religionsfreiheit im Sinne einer individuellen religiösen Selbstbestimmung. Der Augsburger Religionsfrieden hat dennoch im Bemühen um die friedliche Koexistenz verschiedener Konfessionen in einem politischen Gemeinwesen die Entwicklung zu einer allmählichen konfessionellen Neutralisierung des Rechts eingeleitet und damit auch den Weg zur Berücksichtigung des persönlichen Gewissens und der individuellen Religionsfreiheit geebnet.

Welche Aktualität hat dieses Friedenskonzept heute? Wie stellen sich Religionsfreiheit und Toleranz aus unserer heutigen Sicht dar? Wie verhalten sich staatliche Religionsneutralität und individuelle religiöse Überzeugung zueinander? Gibt es für diese Frage eine Antwort, die nicht auf der Grundlage beruht, die Religion in den Bereich des Privaten zu verweisen? Und gibt es einen Umgang mit religiöser Pluralität, der zugleich der besonderen religiösen Prägung Europas gerecht wird, in der die jüdisch-christliche Tradition eine besondere Bedeutung hat? Solche Fragen drängen sich im Jubiläumsjahr des Augsburger Religionsfriedens unabweisbar auf.

II.

Derzeit gewinnt die Überzeugung an Gewicht, dass Begriffe wie Freiheitlichkeit, Toleranz und Pluralität ein anspruchsvolles Lebens- und Gesellschaftskonzept beschreiben, das einer tragfähigen Begründung bedarf. Das gilt für jeden einzelnen, es gilt aber auch für die Gemeinschaft. Wir fragen nicht mehr nur nach der Vielfalt der uns offen stehenden Optionen. Wir fragen auch neu nach den Ligaturen, den Kohäsionskräften unserer Gesellschaft. Die Frage nach Religion gewinnt im Zusammenleben in einer Gesellschaft wieder an Bedeutung. Bedrückende Ereignisse tragen auf ihre Weise dazu bei.

Die erschütternden religiös motivierten Gewaltakte der letzten Jahre werfen düstere Schatten auf das friedliche Miteinander von Menschen und Religionen. Die Terroranschläge in New York am 11. September 2001, in Madrid am 11. März 2004, in Beslan am 1. September 2004, in Amsterdam am 10. November 2004 und in London am 7. Juli 2005 haben Vorbehalte und Spannungen zwischen Christen und Muslimen entstehen lassen. Beide großen Weltreligionen müssen daran arbeiten, der Gewalt entschlossen entgegen zu treten und alles zu tun, was in ihrer Macht steht, um einen Beitrag zur Stabilisierung des inneren Friedens in der Gesellschaft zu leisten. Dies schließt den Dialog unter ihnen und den Diskurs mit der Politik darüber ein, was Inhalt und Grenzen der Religionsfreiheit in der offenen Gesellschaft sind, in der wir leben und leben wollen. Dem dienen die folgenden Überlegungen.

Es gibt keine Religion, die ohne Konsequenzen für die Lebensführung wahrhaftig gelebt werden kann. Insofern hat jede Religion zugleich mit ihrer höchst individuellen Dimension auch eine öffentliche, politische Dimension. Sie betrifft nicht nur das private, sondern auch das öffentliche Leben. Die offene Gesellschaft westlicher Prägung lebt von der Vielfalt von Basisorientierungen, Meinungen, Lebensvorstellungen, Weltanschauungen und Religionen, deren Beziehungen zueinander im Prozess der zivilgesellschaftlichen Öffentlichkeit auf der Grundlage gegenseitiger Toleranz gestaltet werden müssen. Toleranz ist dabei nicht gleichzusetzen mit: alles für richtig halten und jedem Recht geben. Wer nach allen Seiten offen ist, ist nicht mehr ganz dicht, sagt ein Wort, das gute Chancen dazu hat, ein Sprichwort zu werden. Wenn alles gleich gültig ist, wird alles gleichgültig. Es wird beliebig und verliert an Bindungskraft und Überzeugung. Im Umgang der Religionen miteinander ist etwas anderes gefordert, nämlich das Aushalten und Austragen von Differenzen in wechselseitigem Respekt. Die freiheitliche offene Gesellschaft lebt dabei nicht von einem sich gegenseitig in Ruhe lassen; sie braucht eine Haltung wechselseitigen Respekts, die den Dialog einfordert und dem Streit um die Wahrheit nicht ausweicht.

Ob diese Haltung mit dem Begriff der Toleranz glücklich bezeichnet ist, kann man mit guten Gründen bezweifeln. Die herrscherliche Toleranz, die den Begriff lange bestimmte, liegt hinter uns – und zwar hoffentlich für immer. Denn gemessen an wirklicher Religionsfreiheit muss einem solche Toleranz, um Jan Philipp Reemtsma zu zitieren, schier tyrannisch vorkommen. Die „Herzenstoleranz" dagegen, die bisweilen an ihre Stelle getreten ist, hat ihre Schwäche darin, dass die Wahrheitsfrage sich verflüchtigt.

Wann immer von Toleranz die Rede ist, wird die Aufmerksamkeit auf den Beitrag gelenkt, den Lessing mit seinem „Nathan" zu diesem Thema geleistet hat. Doch die Frage muss erlaubt sein, ob Lessing wirklich einen weiterführenden oder gar für die Gegenwart tragfähigen Beitrag zum Toleranzproblem geleistet hat. Ist denn - so will ich entgegen der weitverbreiteten Meinung fragen - das Bild der drei Ringe, unter denen der wahre Ring sich nicht mehr finden lässt, wirklich ein überzeugendes Modell von Toleranz? Die drei Söhne, die von ihrem Vater drei gleich aussehende Ringe erhalten, ziehen vor den Richter, um feststellen zu lassen, wer den echten Ring und mit ihm auch die Herrschaft erhalten hat. Da jedoch nach der Auffassung des Richters die Wahrheitsfrage nicht entschieden werden kann, macht er stattdessen die Frage zum Prüfstein, wer von den dreien der beliebteste sei, welchen also zwei der drei Brüder besonders lieben. Dieser Test geht negativ aus, weil ja die erklärte Liebe zu einem Bruder das Eingeständnis impliziert hätte, dass er über den echten Ring verfügt. Das veranlasst den Richter zu der Einschätzung, dass es diesen gar nicht mehr gibt; er ging vielmehr, so vermutet er, verloren. An die drei Brüder appelliert er, trotzdem an die Echtheit ihres Rings zu glauben und dies durch ein Verhalten unter Beweis zu stellen, das durch vorurteilsfreie Liebe und Verträglichkeit geprägt ist.

Mit diesem Ausgang der berühmten Ringparabel wird die Frage nach dem Verhältnis von Toleranz und Wahrheit geradezu suspendiert. Das Ertragen einer fremden Wahrheitsüberzeugung wird nicht mehr gefordert; denn nach der Wahrheit der Religion wird überhaupt gar nicht mehr gefragt. Die Wahrheitsgewissheit wird aus einer Überzeugung zu einer Hypothese in praktischer Absicht. Religion wird auf Moralität reduziert.

Der Respekt vor den Glaubensüberzeugungen anderer muss dagegen in einer christlichen Perspektive geradezu in einer Glaubensgewissheit gründen, um deretwillen der Mitmensch als Nächster geachtet und in seiner abweichenden Glaubensweise respektiert wird. Reformatorisch geprägter Glaube stützt sich dafür auf eine göttlich zugesprochene Anerkennung der menschlichen Person, die unabhängig von ihren Taten und damit auch von ihren Überzeugungen gilt. Denn diese göttliche Anerkennung beruht gerade nicht auf den von Menschen erbrachten Leistungen, sondern auf einer göttlichen Toleranz, die den gottlosen Menschen „erträgt" und als von Gott geliebtes Geschöpf annimmt.

Wenn wechselseitige Achtung demzufolge nicht in einer religiösen Indifferenz, sondern in einer bestimmten und bestimmbaren Glaubensgewissheit gründet, dann hat das freilich Folgen für die Art und Weise, in welcher sie praktiziert wird. Wenn die Achtung vor dem Anderen auf eine bestimmte und bestimmbare Wahrheitsgewissheit angewiesen ist, dann kann sie sich gerade nicht in einer Suspendierung der Wahrheitsfrage Ausdruck verschaffen, sondern sie muss sich auch im Streit um die Wahrheit bewähren. Wenn diese Achtung eine im Leben bewährte Folge des Gottesverhältnisses ist, dann kann Religion auch um der Toleranz willen nicht auf Moralität reduziert werden; vielmehr muss gerade im Verhältnis zwischen den Religionen die Gottesfrage in ihrer konstitutiven Bedeutung zur Sprache kommen. Deshalb ist die Frage nach Frieden und Toleranz zwischen den Religionen auch noch nicht mit der Ausrufung eines „Projekts Weltethos" beantwortet; die Antwort kündigt sich vielmehr erst dann an, wenn die Religionen ihre Differenzen im Glaubensverständnis in einer Weise austragen können, die den Frieden nicht gefährdet, sondern stärkt.

Spätestens die Terrorakte unserer Zeit mitsamt ihren pseudoreligiösen Deutungen haben deutlich gemacht, wie unausweichlich der Dialog ist, wenn Frieden zwischen den Religionen erreicht und die Friedensverantwortung der Religionen verwirklicht werden sollen. Die Gewalttaten in Amerika und Europa, deren Zeugen wir geworden sind, müssen aber auch den politisch Verantwortlichen klarmachen, dass die tatenlose Hinnahme der Entwicklung einer islamischen Parallelgesellschaft zu einem Nährboden des Fundamentalismus geführt hat. Niemand, so muss man deutlich sagen, kann das Recht haben, unter Berufung auf religiöse Regeln oder auf kulturelle Traditionen aus dem jeweiligen Herkunftsland andere Menschen zu etwas zu zwingen, sie zu töten oder zu verletzen.

Religionsfreiheit als universales, jedem Einzelnen zukommendes Menschenrecht fordert von allen Religionsgemeinschaften die Bereitschaft zu Achtung und Respekt gegenüber anderen Religionsgemeinschaften. Wie sich die Religionen zueinander verhalten und ihre Dialoge gestalten, entscheidet mit darüber, ob unsere Welt ihre Probleme und Ungerechtigkeiten in Frieden angehen kann oder ob Gewalt sie ins Chaos stürzt. Deshalb hat man seit Anbeginn der Neuzeit gewusst, dass Religionsfreiheit den Kern der Menschenrechte ausmacht.

Gewissensfreiheit und Religionsfreiheit gehören eng zusammen. Wenn Menschen ihre Religion nicht frei ausüben können, sind sie in ihrer innersten Freiheit betroffen. Die seit dem Entstehen der Menschheit gestellte Frage nach dem Sinn des Lebens, dem Woher und Wohin erfährt gerade durch Religion eine Antwort. Ob der Einzelne sie als für sein Leben bestimmend anerkennt und sein Leben daran ausrichtet, kann nur er in eigener Selbstbestimmung für sich entscheiden. Glaube - das haben wir in der Geschichte des Christentums gegen manche Widerstände gelernt - setzt diese freie Entscheidung voraus. Die Achtung der Menschenwürde erfordert nun aber auch die Gewährleistung der Religionsfreiheit durch den Staat. Sie gibt dem Einzelnen positiv das Recht, sein gesamtes Verhalten an seiner religiösen Überzeugung auszurichten und dieser Überzeugung gemäß zu handeln. Sie schließt negativ ein, religiöse Überzeugungen abzulehnen und damit auch, keiner Religionsgemeinschaft anzugehören oder aus einer Religionsgemeinschaft auszutreten. Aber die Religionsfreiheit wäre verkannt, wenn man diesen negativen Aspekt der Freiheit von Religion den Vorrang vor der positiven Religionsfreiheit - der Freiheit zur Religion - geben würde. Es ist ein Missverständnis, wenn man Religionsfreiheit vorrangig als Freiheit von der Religion begreift. Sie ist vielmehr zuallererst Freiheit zur Religion; zu ihr gehört allerdings auch das Recht, sich von der Religion abzuwenden.

Neben der individuellen hat die Religionsfreiheit auch eine korporative Seite. Religionsausübung ist darauf angelegt, dass sie in Gemeinschaft mit anderen geschieht. Wirkliche Religionsfreiheit herrscht in einem Gemeinwesen nur dann, wenn nicht nur der Einzelne für sich seine Religion frei wählen und ausüben kann, sondern wenn auch den Religionsgemeinschaften eine von staatlichen Behinderungen freie Ausübung gewährleistet ist. Diese korporative Religionsfreiheit darf sich nicht auf die herrschende Mehrheitsreligion beschränken, sondern muss auch für religiöse Minderheiten gelten. Sie waren es, für die in der frühen Neuzeit die Religionsfreiheit zuallererst erfochten wurde. Die Religionsfreiheit gilt in diesem Sinn vorbehaltlos, aber sie gilt nicht grenzen- oder schrankenlos. Grenzen muss die Freiheit der Religionsausübung durch die Religionsgemeinschaften wie die individuelle Religionsfreiheit dort finden, wo sie den inneren Frieden der Gesellschaft gefährdet, d.h. mit den Menschenrechten anderer oder mit verfassungsrechtlichen Grundlagen eines freiheitlichen, demokratischen Rechtsstaates kollidiert.

Nur der religiös neutrale Staat kann die volle Religionsfreiheit verfassungsrechtlich sichern. Ein religiös einseitig gebundener Staat, der sich einer Religion gegenüber in besonderer Weise verpflichtet weiß, läuft Gefahr, diese gegenüber anderen Religionen in seinem Staatsgebiet zu privilegieren. Aber es ist ein Missverständnis dieser staatlichen Religionsneutralität, wenn der Staat meint, er sei dadurch zur Ignoranz gegenüber der Religion, zur Gleichgültigkeit gegenüber ihrem Wirken, infolgedessen vielleicht auch zur Untätigkeit gegenüber ihrem möglichen Missbrauch verpflichtet. Vielmehr gibt es eine Pflicht des Staates, die Religion als Lebensmacht wahrzunehmen und sie ohne falsche Parteinahme zu fördern. „Fördernde Neutralität" hat das deutsche Bundesverfassungsgericht diese Haltung mit einem, wie ich finde, glücklichen Ausdruck genannt.

Um den Anspruch seiner Bürgerinnen und Bürger auf positive Religionsfreiheit gerecht werden zu können, ist der Staat in seinen Einrichtungen auf ein Zusammenwirken mit den Religionsgemeinschaften angewiesen: sei es in Fragen des Religionsunterrichts in der Schule, sei es in der Seelsorge in Krankenanstalten, an Soldaten der Bundeswehr, in Polizei und Grenzschutz, in Haftanstalten und Landeskrankenhäusern, sei es mit Blick auf theologische Fakultäten oder auch im Friedhofswesen.

Diese positive Förderung der Religionsausübung durch den Staat verstößt nicht gegen das Prinzip der religiösen Neutralität des Staates, solange der Grundsatz der Gleichbehandlung der Religionsgemeinschaften gewahrt bleibt. Und auch die Förderung diakonischen Handelns in freier Trägerschaft durch Diakonie oder Caritas verstößt nicht dagegen.

Die deutschen Kirchen treten dafür ein, dass diese Neutralität gewahrt bleibt. Sie tun dies unabhängig davon, ob Christen in anderen Staaten keine oder nur eine sehr eingeschränkte Religionsfreiheit eingeräumt wird oder Staaten tatenlos zusehen, wie Christen von Angehörigen anderer Religionen bedrängt und unterdrückt werden. Doch das Bekenntnis zur umfassenden Religionsfreiheit im eigenen Land nötigt zum Eintreten für die Religionsfreiheit weltweit – und ganz besonders in Ländern, die eine Zugehörigkeit nicht nur zur Europäischen Wirtschaftsgemeinschaft, sondern damit auch zur europäischen Wertegemeinschaft erreichen wollen. Zudem würden, worauf Altbundespräsident Rau in einer Rede am 22. Januar 2004 zum Geburtstag Lessings, die im Kern eine Rede zur Religionsfreiheit war, zu Recht mit Nachdruck hingewiesen hat, sich „viele Menschen bei uns leichter an den Anblick von Moscheen gewöhnen können, wenn Christen in islamischen Ländern das gleiche Recht hätten, ihren Glauben zu leben und auch Kirchen zu bauen."

Obwohl die Religionsfreiheit zum Kernbestand der Menschenrechte zählt, gehört die Unterdrückung von Menschen wegen ihrer religiösen Überzeugung heute in vielen Ländern zur politischen Realität. Die Evangelische Kirche in Deutschland hat in einer Studie zur Lage der Religionsfreiheit diese Unterdrückung im Einzelnen dargelegt. An den zum Teil bedrückenden Beispielen zeigt sich: Die Religionsfreiheit wird zur Nagelprobe für die Einstellung des Staates zur menschlichen Freiheit überhaupt.

Um der Religionsfreiheit willen erkennen christliche Kirchen zugleich das Existenzrecht anderer Religionen an, einschließlich ihres Anspruchs auf ein Wirken in der gesellschaftlichen Öffentlichkeit.

Das ist nicht schon immer so gewesen. Und es ist keineswegs überall gewährleistet, wo christliche Kirchen die Mehrheitsreligion stellen. Es ist auch im Verhältnis der christlichen Konfessionen zueinander nicht überall gewährleistet – zum Beispiel dort nicht, wo die Vorstellung vom „kanonischen Territorium" die Religionsfreiheit christlicher Minderheitskirchen erheblichen Einschränkungen unterwirft. Die Kirchen sind keineswegs die Avantgarde politischer Freiheit und erst recht nicht der individuellen Religionsfreiheit gewesen. Die uns heute so selbstverständlich erscheinende Anerkennung der Religionsfreiheit als Menschenrecht ist in den christlichen Kirchen das Ergebnis eines langen historischen und theologischen, bisweilen recht schmerzhaften, und wie gesagt: keineswegs überall gesicherten Entwicklungs- und Lernprozesses.

III.

Deshalb gibt es keinen Grund dazu, aus einer Haltung christlicher Überlegenheit oder gar christlicher Überheblichkeit die Lage der Religionsfreiheit weltweit zu betrachten. Aber unzweideutige Klarheit ist erforderlich - im Blick auf Situationen, in denen im christlichen Namen die Religionsfreiheit eingeschränkt wird, ebenso wie im Blick auf Situationen, in denen es im Namen anderer religiöser oder weltanschaulicher Überzeugungen geschieht. Dabei verdient in der aktuellen Lage die Situation im Islam besondere Aufmerksamkeit.

Der Islam im Ganzen hat die Religionsfreiheit als individuelles Menschenrecht bisher nicht anerkannt. Zwar gibt es durchaus differenzierte Zugänge zu den Menschenrechten im Islam, die Religionsfreiheit eingeschlossen. Doch Grundlage ihrer Gewährleistung ist, wie wir sahen, die Trennung von Religion und staatlicher Rechtsordnung, zu deren Bestandteilen die Menschenrechte gehören. Diese Trennung von Religion und staatlicher Rechtsordnung vollzieht der Islam aufs Ganze gesehen nicht. Vielmehr gilt: Der Staat ist organisierte Religion. Sein Recht ist religiöses Recht. Seine Quellen findet das Recht in der Religion. Das in der göttlichen Offenbarung gegebene Gesetz gilt als für Muslime abschließend und verbindlich. Es gilt als ein Ideal, das alle Aspekte der Lebenspraxis umgreift: das Bekenntnis des Glaubens, die gottesdienstliche Ordnung und rituelle Gebote ebenso wie Grundsätze für das Familien- und Strafrecht, schließlich für das Leben in der Gemeinschaft schlechthin. Zwar haben auch islamische Länder traditionelle Elemente des europäischen Rechtsdenkens in ihre Verfassungsordnungen aufgenommen; die Türkei hat die Scharia sogar ausdrücklich als Rechtgrundlage der staatlichen Ordnung außer Geltung gesetzt. Dennoch lebt in der Vorstellung vieler Muslime das Bewusstsein, dass ihr gesamtes Leben und das der staatlichen Gemeinschaft nach Gottes „Rechtleitung" und damit nach den Vorschriften der Scharia geordnet sein müsse, wie es in der islamischen Urgemeinschaft der Fall gewesen sein mag. Die Einheit der Gesellschaft in der islamischen Umma umfasst die politische und religiöse Gemeinschaft.

Zwar hat sich der Islam seit 1970 zunehmend auf die Diskussion um die Menschenrechte eingelassen. 1990 verabschiedete die Organisation der Islamischen Konferenz, ein Zusammenschluss islamischer Staaten, in Kairo die „Erklärung der Menschenrechte im Islam". Allerdings wird die Religionsfreiheit in diesem Dokument nur in einem negativen Sinne berührt, insofern ein Verbot ausgesprochen wird, sich zu einer anderen Religion als dem Islam zu bekehren oder sich dem Atheismus zuzuwenden. Im Übrigen ordnet diese Erklärung die Menschenrechte der Scharia unter.

Der hier deutlich werdende Unterschied im Verständnis der Religionsfreiheit muss im Blick behalten werden. Im Blick auf die weitere europäische Entwicklung sind hier Klärungsprozesse dringend vonnöten. Der Islam in Europa muss in der öffentlichen Debatte um Menschenrechte und Gewalt Position beziehen und die Grundlagen der freiheitlichen Gesellschaftsordnung seinem eigenen Handeln verbindlich zugrunde legen.

Auch die Türkei erkennt nach wie vor die Religionsfreiheit nur sehr eingeschränkt an. Die türkische Republik hat zwar die Vorstellungen eines säkularen laizistischen Staates von Frankreich übernommen. Um das Ziel einer türkischen Nation zu erreichen, setzt die Türkei aber auf das verbindende Band des Islam. Er soll der Türkisierung in der Türkei und auch der im europäischen Ausland lebenden Türken dienen. Um dieses Ziel zu erreichen, wurde das Präsidium für Religiöse Angelegenheiten errichtet. Damit steht die herrschende, sunnitische Form des Islam unter staatlicher Kontrolle. Über das laizistische Staatsverständnis soll die Religionsbehörde verhindern, dass Religion genutzt wird, um politisch gegen den Staat zu mobilisieren. Vom Beginn der Republik an hatte das Religionsrecht einen türkischen Islam im Auge. Andere Religionen werden unter Berufung auf die Laizität ausgegrenzt oder in Grauzonen gedrängt. Schon den Aleviten wird volle Gleichberechtigung verweigert. Die christlichen Kirchen werden nach wie vor massiv behindert, das Ökumenische Patriarchat von Konstantinopel eingeschlossen. Ihnen wird die Anerkennung als juristische Person versagt, was u.a. den Erwerb von Eigentum unmöglich macht, Arbeitserlaubnisse werden verweigert, Ausbildung von Geistlichen wird untersagt.

Wenn die Türkei zur Europäischen Union gehören will, unabhängig davon, ob als Vollmitglied oder durch eine privilegierte Partnerschaft, muss sie sich auf den gesellschaftlichen Grundkonsens der Mitgliedsstaaten einlassen, und dazu nachprüfbare Fakten schaffen. Hierzu muss die politische Elite bereit sein. Sie befürchtet, dass konservative islamische Kreise das Rad der Geschichte wieder zurück drehen und eine theokratische Ordnung errichten könnten. Diese Einschätzung teilt möglicherweise auch die Mehrheit der Bevölkerung. Die Ausrichtung der jetzigen türkischen Regierung auf Europa zwingt sie zu einer Neubestimmung des Verhältnisses von Staat und Religion und zu einem liberalen Umgang mit der religiösen Vielfalt in der Türkei. Diesen Reformansatz gilt es aufzunehmen und zu stützen.

IV.

Heute besteht mehr denn je auch eine Furcht vor Religion. Sekten jedweder Couleur, Spiritismus, Jugendreligionen und gewaltsamer religiöser Fundamentalismus haben die Menschen verunsichert. Dies ist eine Herausforderung sowohl an den Staat als auch an die Religionsgemeinschaften. Diese müssen nach ihrem Selbstverständnis als Kommunikations- und Zeugnisgemeinschaften in ihrem öffentlichen Auftreten dafür sorgen, dass Grundfragen des menschlichen Lebens und Handelns auf der Tagesordnung bleiben und dass ihre Stimme im Konzert der Meinungen und Anschauungen Gehör findet. Alle Religionsgemeinschaften – also nicht nur die Kirchen - sind aufgefordert, an der politischen Willensbildung teilzunehmen und ihre öffentliche Verantwortung für das Gemeinwesen insgesamt und nicht nur für ihre eigenen Mitglieder wahrzunehmen. Sie tragen eine politische Mitverantwortung.

Gesellschaft und Politik sind in vielfältiger Weise mit Fragen konfrontiert, die ohne eine moralisch-sittliche Verankerung nicht beantwortet werden können. Das Zusammenleben in der pluralen Gesellschaft, die Integration von Fremden, Gentechnik, Sterbehilfe, der Generationenvertrag in den sozialen Sicherungssystemen, Abwehr von Terror und Gewalt mögen als Bespiele genügen. Bei aller Anerkennung der pluralen gesellschaftlichen Kräfte, die nicht selten ihre Gruppeninteressen über das Gesamtinteresse stellen, ist es schwieriger geworden, zu vermitteln, dass jedermann für die Wahrung des Gemeinwohls verantwortlich ist. Den Religionsgemeinschaften kommt die Aufgabe eines öffentlichen Gewissens zu, indem sie in Lehre, Predigt und öffentlichen Erklärungen die persönliche Verantwortung zu wecken und zu fördern versuchen, also „der Stadt Bestes suchen", wie es der Prophet Jeremia formuliert.

Um den inneren Zusammenhalt und Frieden zu erhalten, kommt der Integration ausländischer Mitbürgerinnen und Mitbürger eine große Bedeutung zu. Die in Deutschland auf Dauer lebenden Muslime müssen einen Weg der Integration und der positiven Mitgestaltung der deutschen Gesellschaft finden. Wer seinen Lebensmittelpunkt in Deutschland oder in den anderen Ländern der Europäischen Union bejaht, die Rechts- und Gesellschaftsordnung anerkennt und sich hier mit seiner muslimischen Identität einbringt, leistet Wichtiges, um Abgrenzungstendenzen und Ghettobildung entgegen zu wirken. Jedoch wird sich muslimische Identität, gerade wenn sie sich einem offenen Dialog stellt und gesellschaftliche Integration anstrebt, auch selbst im historischen Prozess weiterentwickeln.

Die Herausbildung einer solchen europäisch orientierten muslimischen Identität kann nur mit einem ausreichenden Maß an Offenheit gelingen. In diesem Zusammenhang spielt neben der unverzichtbaren Spracherziehung der Religionsunterricht eine Schlüsselrolle.

Bei dieser in Deutschland und derzeit vor allem in Berlin hitzig geführten Diskussion mag ein Blick auf die internationale Diskussionslage hilfreich sein. In zunehmendem Maße erkennen inzwischen auch die Vereinten Nationen die Bedeutung von Bildung und Erziehung für ein religiös tolerantes, verständnisvolles und friedliches Zusammenleben an. Eine UN-Konferenz hat 2001 daher die Empfehlung ausgesprochen, im Schulunterricht das Verständnis für Religionsfreiheit zu stärken. Die Überzeugung gewinnt auch andernorts an Boden, dass religiöse Erziehung in der Schule für eine ganzheitliche Bildung unverzichtbar ist. Die Schule braucht Antworten auf die Frage, wie die Pluralität der Herkünfte, Positionen und Anschauungen in das gemeinsame Lernen integriert werden kann. Es geht um die Ausbildung einer gesprächsfähigen Identität, die Verständigung sucht.

Zu Recht hält die deutsche Verfassungsordnung fest: Die Schule ist dabei auf die Mitwirkung der Religionsgemeinschaften angewiesen, da der Religionsunterricht inhaltlich nach den Grundsätzen der Glaubensgemeinschaften zu erteilen ist. Die verbindliche Festlegung ist für die islamische Religionsgemeinschaft auf Grund ihrer Organisationsstruktur schwierig, aber, wie ein Blick über die Grenzen zeigt, auch nicht unmöglich. Der Gedanke eines Werteunterrichts für alle, der unweigerlich zur Aushöhlung des Religionsunterrichts führen würde, sollte deswegen nicht mit dem Hinweis auf die Organisationsstruktur des Islam begründet werden. Unter Einschluss des Islam sollte vielmehr ein Weg beschritten werden, der dem Religionsunterricht nach den Grundsätzen der Religionsgemeinschaften einen im wahrsten Sinn des Wortes ordentlichen Platz an der öffentlichen Schule einräumt.

V.

Wie aktuell ist der Augsburger Religionsfriede? Natürlich hat dieses Vertragswerk nicht die Religionsfreiheit in ihrer hier beschriebenen Ausprägung hervorgebracht, gerade auch nicht die individualrechtliche Komponente der Menschenrechte, die unserem Verständnis zugrunde liegt. Das Gleiche gilt für das Konzept wechselseitiger Achtung zwischen den Religionsgemeinschaften oder die Vorstellung von staatlicher Religionsneutralität.

Und doch steht der Augsburger Religionsfriede als grundlegendes Regelungswerk am Beginn der Entwicklung, die zu unserem Verständnis von Religionsfreiheit, Toleranz und Neutralität geführt hat. Daran hat auch der furchtbare Rückschlag des 30jährigen Krieges nichts geändert. Der Westfälische Frieden von 1648 knüpft nicht umsonst in der Sache an die Konstruktion des Augsburger Religionsfriedens an. Das seitdem bestehende gleichberechtigte Nebeneinander der christlichen Konfessionskirchen in Deutschland war prägend für die Entwicklung unseres heutigen freiheitlichen Religionsverfassungsrechts.

Die Herausforderungen erneuern sich heute in globalem Horizont. Grundlegend bleibt die Einsicht in die Bedeutung der Religionsfreiheit als eines fundamentalen Menschenrechts. Grundlegend bleibt die Pflicht der christlichen Kirchen zu gegenseitigem Respekt und gegenseitiger Achtung, eine Pflicht, die heute auch das Verhältnis der Religionen zueinander prägen muss. Grundlegend bleibt deshalb auch die Pflicht zur Kritik überall dort, wo im Namen der Religion selbst die Religionsfreiheit verletzt und die wechselseitige Achtung ignoriert wird. Grundlegend bleibt ebenso die Einsicht, dass Religion sich frei in der Öffentlichkeit entfalten muss, ohne sich auf den Raum des Privaten zu beschränken oder in eine Grauzone der Undurchschaubarkeit zurückzuziehen. Solche Grundsätze sind verankert in der Entwicklung, die in Augsburg vor 450 Jahren eine erste rechtliche Ausprägung erfahren hat. In diesem Sinn ist der Augsburger Religionsfriede von bleibender Aktualität.

Zu den Herausgebern und Autoren

Dr. jur. Joachim Gaertner, Oberkirchenrat i. R., Mitglied des Vorstands des Evangelischen Instituts für Kirchenrecht an der Universität Potsdam

Dr. theol. Erika Godel, Studienleiterin der Evangelischen Akademie zu Berlin

Professor Dr. iur. Dr. theol. h.c. Martin Heckel, Universität Tübingen, Juristische Fakultät, Professor für Öffentliches Recht und Kirchenrecht (em.)

Professor Dr. theol. Wolfgang Huber, Bischof der Evangelischen Kirche Berlin-Brandenburg-schlesische Oberlausitz, Vorsitzender des Rates der Evangelischen Kirche in Deutschland

Professor Dr. theol. Dr. phil. Harm Klueting, Universität zu Köln, Philosophische Fakultät, Historisches Seminar (Neuere Geschichte) und Seminar für katholische Theologie (Historische Theologie – Mittlere und Neuere Kirchengeschichte)

Professorin Dr. theol. Gerda Riedl, Universität Augsburg, Katholisch-Theologische Fakultät, Lehrstuhl für Dogmatik

Professor Dr. iur. Gerhard Robbers, Universität Trier, Juristische Fakultät, Lehrstuhl für Öffentliches Recht, Kirchenrecht, Staatsphilosophie und Verfassungsgeschichte

Schriften zum Staatskirchenrecht

Herausgegeben von Axel Frhr. von Campenhausen, Christoph Link
und Jörg Winter

Band 1 Christoph Link: Staat und Kirche in der neueren deutschen Geschichte. Fünf Abhandlungen. 2000.

Band 2 Andreas Franitza: Der Allgemeine Hannoversche Klosterfonds und die Klosterkammer Hannover. Untersuchung zur rechtsgeschichtlichen Entwicklung. 2000.

Band 3 Reinald Willenberg: Rundfunk unter kirchlicher Trägerschaft. 2001.

Band 4 Martin Fischer: Kirchliche Beiträge im Fernsehen. Darstellung eines abgestuften Mitgestaltungsmodells kirchlicher Beteiligung im Fernsehen. 2001.

Band 5 Bernd Albrecht von Garmissen: Landwirtschaftliches Grundvermögen in kirchlicher Hand. Dargestellt am Beispiel der Evangelischen Kirche in Deutschland und unter besonderer Berücksichtigung der Evangelisch-Lutherischen Landeskirche Hannovers. 2001.

Band 6 Berend Lindner: Entstehung und Untergang von Körperschaften des öffentlichen Rechts. Unter besonderer Berücksichtigung der Religions- und Weltanschauungsgemeinschaften. 2002.

Band 7 Gesa Dirksen: Das deutsche Staatskirchenrecht - Freiheitsordnung oder Fehlentwicklung? 2003.

Band 8 Im Dienste der Sache. Liber amicorum für Joachim Gaertner. Herausgegeben von Ricarda Dill, Stephan Reimers, Christoph Thiele. 2003.

Band 9 Arnd Diringer: Scientology. Verbotsmöglichkeit einer verfassungsfeindlichen Bekenntnisgemeinschaft. 2003.

Band 10 Konstantin v. Notz: Lebensführungspflichten im evangelischen Kirchenrecht. 2003.

Band 11 Matthias Schwara: Die Heiliggeistkirche in Heidelberg im Wandel der Zeiten. Ein Beitrag zur Rechtsgeschichte Südwestdeutschlands. 2003.

Band 12 Axel Frhr. von Campenhausen (Hrsg.): Deutsches Staatskirchenrecht zwischen Grundgesetz und EU-Gemeinschaftsrecht. Symposion im Kirchenamt der Evangelischen Kirche in Deutschland am 25. und 26. April 2002 in Hannover. 2003.

Band 13 Thomas Bauer: Die GmbH als Rechtsform karitativer Einrichtungen der Kirche. 2003.

Band 14 Anne-Ruth Glawatz: Die Zuordnung privatrechtlich organisierter Diakonie zur evangelischen Kirche. Unter besonderer Berücksichtigung von unternehmerischen Umstrukturierungen in der Diakonie. 2003.

Band 15 Detlef Kehlen: Europäische Antidiskriminierung und kirchliches Selbstbestimmungsrecht. Zur Auslegung von Art. 13 EG und Art. 4 der Richtlinie 2000/78/EG. 2003.

Band 16 Andreas Grube: Der Sonntag und die kirchlichen Feiertage zwischen Gefährdung und Bewährung. Aspekte der feiertagsrechtlichen Entwicklung im 19. und 20. Jahrhundert. 2003.

Band 17 Burghard Winkel: Kirche und Vergaberecht. Der vergaberechtliche Status der evangelischen Landeskirchen in Deutschland. 2004.

Band 18 Suzanne Mann: Das Kopftuch der muslimischen Lehramtsanwärterin als Eignungsmangel im Beamtenrecht. 2004.

Band 19 Markus Ogorek: Geltung und Fortbestand der Verfassungsgarantie staatlichen Religionsunterrichts in den neuen Bundesländern. Ein Beitrag zur Lehre vom sogenannten Verfassungswandel. 2004.

Band 20 Steffen Rupp: Verwaltungsmodernisierung in der Kirche. Eine Untersuchung am Beispiel des Neuen Steuerungsmodells der Evangelischen Landeskirche in Baden. 2004.

Band 21 Gunter Barwig: Die Geltung der Grundrechte im kirchlichen Bereich. Eine Untersuchung zur Grundrechtsfähigkeit und Grundrechtsbindung der Religionsgemeinschaften. 2004.

Band 22 Andreas Kasper: Sozialsponsoring. Eine rechtliche Bewertung unter besonderer Berücksichtigung des Sponsorings kirchlicher Werke und Einrichtungen. 2004.

Band 23 Martin Rauhaus: Das kirchenrechtliche Gemeindeprinzip und seine Auswirkungen auf die kirchliche Verfassungsgestaltung. Dargestellt am Beispiel der Verfassung der evangelisch-reformierten Kirche. 2005.

Band 24 Heidi Reichegger: Die Auswirkungen der Richtlinie 2000/78/EG auf das kirchliche Arbeitsrecht unter Berücksichtigung von Gemeinschaftsgrundrechten als Auslegungsmaxime. 2005.

Band 25 Matthias Triebel: Das europäische Religionsrecht am Beispiel der arbeitsrechtlichen Anti-Diskriminierungsrichtlinie 2000/78/EG. 2005.

Band 26 René Seidel: Die Anerkennung der privaten Ersatzschule und ihre Auswirkungen auf das Privatschulverhältnis. 2005.

Band 27 Uta Kleine: Die Eingrenzung des Haftungsrisikos für den ehrenamtlichen Betreuer. 2005.

Band 28 Gerrit Nils Beermann: Hoheitsbetriebe von Kirchen und Religionsgemeinschaften. Eine körperschaftsteuerliche Untersuchung. 2005.

Band 29 Falko Tappen: Kirchliche Vermögensverwaltung am Beispiel des Ethischen Investments. 2005.

Band 30 Walter Fischedick: Die Zeugnisverweigerungsrechte von Geistlichen und kirchlichen Mitarbeitern. 2006.

Band 31 Myrian Dietrich: Islamischer Religionsunterricht. Rechtliche Perspektiven. 2006.

Band 32 Florian Herrmann: Die rechtliche Organisation international tätiger kirchlicher Hilfswerke. 2006.

Band 33 Joachim Gaertner / Erika Godel (Hrsg.): Religionsfreiheit und Frieden. Vom Augsburger Religionsfrieden zum europäischen Verfassungsvertrag. 2007.

www.peterlang.de

Michael Kögl

Religionsgeprägte Kleidung des Lehrers
Eine Betrachtung der Neutralitätspflicht des Staates und der Religionsfreiheit im Sonderstatusverhältnis

Frankfurt am Main, Berlin, Bern, Bruxelles, New York, Oxford, Wien, 2006.
207 S.
Europäische Hochschulschriften: Reihe 2, Rechtswissenschaft. Bd. 4330
ISBN 3-631-54624-6 · br. € 39.–*

Religionsgeprägte Kleidung ist mehr denn je ein praxisrelevantes Thema mit explosiver Sprengkraft aufgrund der Angst vor Fundamentalismus und Terror. Das Kopftuch in der Schule beschäftigt nicht nur die juristische Fachwelt, sondern auch die Politik und die breite Bevölkerung. Ziel dieser Arbeit ist dabei vorrangig, die Strukturen des Problems aufzuzeigen und konkret zu beleuchten, da die scheinbar klaren Argumente sich als unbestimmte Schlagworte entpuppen. Insbesondere die religiös-weltanschauliche Neutralitätspflicht des Staates wird kritisch hinterfragt, aber auch Begriffe wie Religion, Toleranz und Trennung von Staat und Kirche. Die kollidierenden Rechte werden dargelegt und trotz deren Unschärfen abschließend ein Lösungsvorschlag unterbreitet.

Aus dem Inhalt: Wann ist Kleidung religionsgeprägt? · Der Religionsbegriff · Die religiös-weltanschauliche Neutralitätspflicht · Toleranz · Parität · Religionsfreiheit · Grundrechte im Sonderstatusverhältnis Schule · Potentiell kollidierende Rechte · Auflösung der Kollisionslage

Frankfurt am Main · Berlin · Bern · Bruxelles · New York · Oxford · Wien
Auslieferung: Verlag Peter Lang AG
Moosstr. 1, CH-2542 Pieterlen
Telefax 00 41 (0) 32 / 376 17 27

*inklusive der in Deutschland gültigen Mehrwertsteuer
Preisänderungen vorbehalten
Homepage http://www.peterlang.de